答えのない「営業の成長」に基準をつくり、
トレーニング手法を体系化する

営業スキル検定

モノグサ株式会社　代表取締役ＣＥＯ
竹内孝太朗

かんき出版

重要！ 営業スキル検定とは

◎ 営業スキル検定は、「営業レベル」で分けられており(営業レベル0・営業レベル1・営業レベル2・営業レベル3)、それを構成する「42のスキル」が存在する。

◎ 営業スキル検定は営業レベルごとに行われ、当該レベル以下の営業レベルのスキルを獲得できているかがチェックされる。

◎ 実施方法として、検定受検者は、顧客役とのロープレを行う(ロープレは実施せず、検定受検者のメールなどを確認する場合もある)。

◎ ロープレには評価者が同席し、スキルごとに○(合格)、×(不合格)、△(不合格ではないが努力が必要)の３段階で判定する。

◎ 各営業レベルの認定基準は、「当該営業レベルのスキルのうち、×が１つでも存在すれば不合格」という運用がなされる(オール△はギリギリ合格)。

なお、

営業レベル３の検定時は、営業レベル０、営業レベル１、営業レベル２ができている、
営業レベル２の検定時は、営業レベル０、営業レベル１ができている、
営業レベル１の検定時は、営業レベル０ができている、

のが前提条件となる(例えば、営業レベル２の検定時に、営業レベル１のスキルを達成できていないと判断された場合は不合格となる)。

◎ 営業スキル検定により、自分自身の、マネージャーであれば社内メンバーのスキル状態が一瞬で把握できる。

◎ また、判定基準、およびトレーニング方法が明確に定義されているため、「何を努力すればいいのか」「どこまでスキルを身につければいいのか」がわかりやすい。

◎ 営業スキル検定は、「売れる型」を爆速で身につける唯一無二の営業育成スキームである。

はじめに

「営業」の本質とは、「他者からの共感獲得」だと私は考えています。

実は、「顧客にモノを売ること」も「顧客の課題を解決すること」も「営業」の本質ではありません。

「他者からの共感獲得」とは「絶対的な根拠が存在しない中で、何らかのリスクが伴う意思決定を相手にしてもらうこと」です。

本書『営業スキル検定』は、「共感獲得」をスキルとして体系化し、「営業」のみなさんがその力を自在に扱えるようになることを目指しています。

あなたがこの本を手に取り、読み始めている今日も、私はきっとどこかで楽しく営業をしています。

今となっては営業が大好きな私ですが、振り返ってみると、社会人としての私の営業生活は順風満帆なものではありませんでした。

このように書くと「ダメダメな営業だった私。諦めずに様々な試行錯誤。そしてついにナンバーワン営業へ。そのノウハウがこの1冊に！」というありきたりな流れを想定されるかもしれませんが、そうではありません。


表面的には、私の営業生活は極めて順調でした。

初受注は同期入社の中で最速であり、1年目・2年目で設定された四半期の営業目標はすべて達成し、2年目の終わりにはリクルートの営業としてこれ以上ない最高位の表彰を受けていました。

2010年4月という金融危機発生以降に営業としてのキャリアをスタートしたので、常に景況感が悪く、担当した市場や顧客の売上成長もなく、明確な競合サービスが自分の提供する商品よりとても安い。

そんな中で広告商品を扱っていましたので、事業環境としては劣悪でした。

一方で、私の成長のために様々なフィードバックをくださる先輩が存在し、目標設定や担当アサインなど含めて活躍の場を整えてもらい、運よく相性のいいお客様に出会うこともでき、結果も伴い、絶好調でした。

それだけ順調でありながら順風満帆だと言えないのは、当時の私が営業の真の価値に気づくことなく、営業に心の底からのやりがいと誇りを持てておらず、営業を長期的に極めたいとも思わず、その割には生活の大半を営業として過ごしていたからです。


私は、（リクルートによくいるタイプなのですが）30歳で起業をする前提でリクルートに就職をしました。

リクルートに入社したのは、3年間営業を経験し、3年間新規事業立ち上げに従事し、2年間事業のグローバル展開を経験してみたいという目的のためであり、人事との入社時面談においても常にそれを伝えていました。

最も事業環境が厳しい営業部署に配属してほしい、と伝えていましたが、前述の通りおおよそ願いは叶えられ、その後の新規事業立ち上げや事業のグローバル展開についても体験することができました。

確かに営業に関心はありましたが「起業する凄い自分」になるための1つの通過点としての営業であり、真に営業に興味を持てていたとは言い難い状況でした。

本書を執筆した狙いは大まかに2つです。

その1つは、私なりの「いい営業像」を読者のみなさんに共感してもらい、体現していただくことです。換言すれば、本書を通して「いい営業像」をみなさんに営業しようとしております。

営業を始めた当時の私にとって、いい営業とは「他の営業より売れる営業」であり、「他の営業が売れないモノを売れる営業」を意味していました。この定義も正しい面があると思いますし、現在そのようなモチベーションで営業されている方もいらっしゃるかもしれません。

本書の全体を通して、私の考える「いい営業像」を詳細にお伝えしたいと思いますが、「はじめに」の時点でお伝えしたいのは「他の営業が売れないモノを売れる」能力はいい営業の一側面にすぎず、多くの人にとってその一側面だけでは心の底からのやりがいや誇りを持ち、営業を長期的なキャリアと捉えて継続するのは難しいということです。

私は高校時代の友人である畔柳《くろやなぎ》と共同創業したモノグサ株式会社の代表取締役CEOを務めています。

弊社の開発提供するサービス「Monoxer」は人の記憶定着を支援するアプリケーションであり、いつか全人類が利用する記憶のプラットフォームになることを目指しています。

畔柳はGoogle出身の優秀なエンジニアであり、彼が代表取締役CTOとしてプロダクト開発を全面的に推進してくれているおかげではありますが、会社を創業して以降、私のCEOとしての活動は、そのほとんどすべてが営業力によって支えられています。

社内・社外向けの会社のミッションの伝達や資金調達、採用活動など、あらゆる活動は「誰かからの共感獲得」行為であり、まさに営業活動であると感じます。

私が「いいCEO」であるかは将来的な結果を見て判断いただくとして、これだけ汎用性の高いと考える「いい営業像」について、ぜひみなさんに営業させてください。

本書の狙いの2つ目は、営業を体系的に整理することに挑戦し、営業という職種の発展に貢献することです。

本書『営業スキル検定』の執筆が確定して以降、世の中にはどのような営業本が存在するのか調べていました。

私は弊社の事業に役立ちそうな論文などはできる限り読むようにしているのですが、個人の経験をまとめたいわゆるHow to本はほとんど読む習慣がありません。

万が一、私が本にしたい内容と似たコンセプトのものが先に存在しているのであれば、わざわざ私が執筆する必要もないため、その確認をしたのです。

結果からお伝えすると、似たコンセプトの本は存在せず、無事『営業スキル検定』出版に至っているのですが、私はやや不満に感じていました。

不満であったポイントは2つです。

1つは「私はこのように営業したら上手くいきました」という内容が多くの営業本に書かれているのですが、**「どうしたらそのように行動（体現）できるのか」**への

具体的な言及が少ない、という不満です。

それぞれの著者の考える「いい営業像」はきちんと紹介され、共感獲得のためのエピソードは豊富に盛り込まれているのですが、最終的にこの瞬間からの営業行動をどのように変えたらよいか、さらに細かく記述するべきだと感じました。

不満ポイントの2つ目は、**類書はそれぞれの著者の持論紹介になっており、営業という職種全体での集合知化が行われていない**ということでした。

それらの不満が増幅した結果、「そもそも、どうして様々な教育機関は営業を学問として取り扱わないのか」という疑問が湧いてきました。

確かに、未契約の顧客とのやり取りは、1つの方法論で対応できるようなものではなく、人と人の関わり合いの中で形成される類の活動であるため、変数もとても多いです。

よって、「こうすれば必ず売れる」という再現性も少なく感じやすく、結論として学問的に扱う難易度は高いのかもしれません。

しかし経済学部経営学科出身の私からすると、非常に多くの社会人が営業として社会に存在している事実だけとっても、「営業」はマーケティングなどのような科目レベルでは十分扱うに値すると感じますし、分析の困難さについては心理学や実験経済学などでは、むしろ研究テーマにふさわしい難度なのではないでしょうか。

この疑問を解き明かすだけでも1冊の本にできそうな予感さえしますが、現時点での私の仮説は「偉大な成果を創出した営業の諸先輩方が体系的に営業を整理することを怠ったから」というものです。

「営業を体系的に整理したい」という意欲は確実に存在するはずです。

本書をきっかけに、営業という活動が体系的に整理されはじめ、集合知化が進む中で技術伝承が職種全体として起こり、よりよい共感獲得方法が構築されることを期待しています。

「どうしたらそのように行動（体現）できるのか」への具体的な言及が少ない、「営業という職種全体での集合知化が行われていない」という営業本における不満を解決したのが、本書『営業スキル検定』です。

早く本編に入る必要がありますが、最後の前置きにおつき合いください。「営業スキル検定」の正体について、概要をご紹介します。

私が本書全体を通してご提案する**「営業スキル検定」とは、営業スキルを言語化し、習得可能にしたうえで、習得状況を検定という形で評価可能にし、評価に基づき検定受検者にフィードバックを行うという営み全体**を指します。

詳細は本編にて細かくご紹介しますが、「営業スキル検定」の存在意義は、

①それぞれの営業組織が考える「いい営業像」を体現可能なものにする

②営業という活動を体系立てて認識するための「基準」を提供する

です。

本書全体を通して、「営業スキル検定」に関わる情報を順番にお伝えすることで、

本書執筆の私の狙い、

・私なりの「いい営業像」を読者のみなさんに共感してもらい、体現していただく
・営業を体系的に整理することに挑戦し、営業という職種の発展に貢献する

を実現しようとしています。

いよいよ本編に突入いたします。

何とかすべてを読んでいただきたく、エピソードや例示を多めに構成しており、450ページ超のボリュームになっております。第1章では、「営業スキル検定」の具体的な説明の前工程として、「営業を体系的に整理したい」という私の欲望が待ち構えております。

途中で読み疲れて離脱しそうになった際は「おわりに」にてお待ちしておりますので、いつでも休憩にお越しください。

＊　＊　＊

本日は貴重なお時間をいただきありがとうございます。
モノグサ株式会社の竹内孝太朗と申します。
これから「営業スキル検定」についてご紹介いたします。
まずは「『混迷する営業論』を整理する」というテーマでお話させていただきます。

目次

第2章　トップセールスのノウハウを身につける「営業スキル検定」

営業レベル0　ニーズに自覚的で購買行動を開始している顧客との折衝

第3章　営業スキル検定の作り方

第4章　営業スキル検定を運用する

第5章　営業スキル検定の派生効果

ブックデザイン　吉田考宏
編集協力　森川ミユキ
DTP　佐藤純（アスラン編集スタジオ）

第1章
「混迷する営業論」を整理する

絶対的な営業スタイルは存在しない

最初にお伝えしたいことは、絶対的な営業スタイル、つまり「営業の正解」はないということです。**実は、営業の正解がないからこそ、「営業スキル検定」は役に立つツールであり、仕組みだ**と言えるのです。

だから「絶対的な営業スタイル」が存在しないことにまず合意していただきたいのです。

巷《ちまた》では、「こういう営業法が正しい」といったことがまことしやかに言われています。

しかしそれらのノウハウは、本当に正しいのでしょうか。

「成果を出す営業の常識」とされているものについて具体例をもって挙げていますので、一緒に検討していきましょう。

他者からの共感を必ず獲得できる絶対的な営業スタイルが存在するとすれば、すでに「唯一絶対の営業の教科書」と呼べるような書籍が存在したり、大学で学問として扱われる可能性すらあるかもしれません。

しかし、残念ながら営業スキル習得の決定版と言える書籍は存在せず、営業を教えてくれる教育機関も私の知る限り存在しません。

別の切り口として、営業スタイルではなく、何らかの素養が再現性ある営業成果をもたらすことはあるでしょうか。

「明るい」「口が達者」「ストレスに強い」「人好き」など、営業に適性のある人材と結びつけられる素養が存在するとは思います。とはいえ、これらが各領域で最も成果を出す営業に、常に共通する素養とは言えません。

このように、営業スタイルには正解がなく、営業の再現性につながる絶対的な素養も存在しないからこそ、本書で扱う「営業スキル検定」は役に立つツールであり、仕組みだと考えています。

話すべきか、聞くべきか？

よく聞くのが、流暢な営業トークで顧客を口説き落とすのではなく、顧客によくしゃべっていただいて、そこから顧客のニーズを聞き出すというノウハウです。例えば「聞くが8割、話すが2割」「一言もしゃべらないのが理想の営業」といった内容が書かれている本があります。

しかし、**このノウハウが当てはまらない商品も存在する**のです。

例えば弊社商品である「Monoxer」は記憶をサポートするアプリでして、これはまったくの新規領域・新規コンセプトの商品です。

私自身、営業としてそのような商品を複数扱ってきたからこそ言えるのですが、そのような新規領域・新規コンセプトの商品を売るときに、そもそもニーズを聞き出そうとしても、**信頼関係もなく、何者かもわからない人間から、意図も目的も明かされず一方的にヒアリングされては、顧客は困ってしまう**のです。

少なくとも、何を目的にこの商談の時間をいただいているのか、素性を先に明かす必要があります。

知名度もあり、顧客からの信頼が積み上げられている大企業で営業として働いている、もしくは、顧客と個人的なつながりがあるといった場合には、「あなたの意見を聞かせてください」と商談で言えば、何らかの答えをもらえるかもしれません。

しかし信頼関係の築かれていない段階でそんなことをお願いしても、「何で、君に話さないといけないの?」と思われてしまうのがオチです。

「このことであればあの会社に相談する」とか、「誰々に相談する」といった合意形成がすでになされていて、初めてヒアリングができるわけです。またそうやってヒアリングができて初めて、顧客のニーズも聞くことができるわけです。

しかし新たな領域にアプローチしている会社であれば、「そもそもあなたは何者ですか?」「あなたの会社、聞いたことがないんですけど」といったフェーズから営業することが多いでしょう。

このフェーズでは、自分から10割話をすることが必要になります。自分という営業についての説明や、自社および提案する商品の価値を流暢、かつ端的に説明することが肝心な場合もあるのです。

つまり**自社に対する信頼が、狙っている市場ではまだ形成されていなかったり、自分という営業への信頼がまだ得られていなかったりする段階では、「聞くこと」よりも「こちらからたくさんの情報をアウトプットすること」が必要**になるわけです。

「人間関係を作るには信頼を勝ち取ることが必要だ、そのために聞くことが重要だ」と思っている方も多いかもしれません。

しかし、そもそも顧客からしたら、個人である営業を信頼するかどうかなんて、実はあまり重要ではありません。それよりも「こんなプロダクトが作れる会社なんだな」「こんな貢献を世の中に対していきたい会社なんだな」といったことを顧客に知ってもらうことのほうがよほど重要です。

ですから、まずそれらをしっかり説明するほうが求められることもあるのです。

このように「話すべきか、聞くべきか」といったこと1つを取ってみても、正解などないのです。

商品の話ばかりするべきか、アイスブレイクは必要か？

「いきなり商品説明から始めてはいけない。まずは雑談などでアイスブレイクして、会話をしやすい雰囲気を作ってから商談に入りなさい」というのもよく聞くアドバイスだと思います。

しかし、これも本当に正解なのでしょうか。私自身は、大学卒業後、新卒で営業としての経歴を開始してから、様々な領域の営業をやってきました。**その間ずっと基本的にはアイスブレイクなしで、いきなり本題に入っていく商談スタイルを貫いてきました。**

あくまで個人的な感覚ですが、相対している顧客に対して、「自分を信頼してもらう」というのは本筋ではないと思うのです。それよりも、**私たちが提供しようとしているプロダクトで顧客の課題を解決することによって、顧客に幸せになってもらうことが本筋**ではないでしょうか。

営業と話をする時間が楽しいというのも顧客には嬉しいことかもしれませんが、それはあくまで副産物です。趣味の話をしたり、腕時計を褒めたり、役に立つ時事ネタを提供したりすることが「いいこと」のように言われますが、**顧客も、私たちが営業しに来ていることは重々承知しているのです。**

つまり**何かを売りに来ていて、それを買ってもらうことがゴールだと誰もが知っているわけで、それに対して「アイスブレイクが大事だ」などと言うのはナンセンス**ではないでしょうか。

顧客の貴重な時間をいただいて商談に来ているわけですから、その貴重な時間の中で、どれだけ顧客の役に立つ話ができるかが肝心なのです。「売ることなどさておき、まずは関係性を築きましょう」というのは、あまり意味がないことだと私は考えています。

もちろん商品自体にあまり差別化要因がなく、それどころか、競合商品と比べて競合劣位だという場合もよくあります。

そのようなときには、「他でもない自分から買ってもらう」というアプローチにならざるを得ないので、自分の魅力を知ってもらい、商談自体を楽しんでもらう、だからアイスブレイクが必要、ということもあると思います。

ですから、「アイスブレイクがいつ、いかなるときでも駄目だ」とお伝えしたいわけではありません。「どんな場合でもアイスブレイクをしなさい」というのはおかしい、というのが、私が伝えたいところです。

要するに、これまた絶対的な営業スタイルはないというのが本節の趣旨でして、正解はケース・バイ・ケースということをわかっていただきたいのです。

即応するべきか、持ち帰るべきか？

「1回の商談で決めようとせず、適当なタイミングでいったん持ち帰るべきだ」ということもよく聞きます。

中には、上司に相談しないといけない場合もあるかもしれません。ですので、これも絶対ではないのですが、私自身は「可能な限り即応するのが原則」と思って、営業してきました。**アイスブレイクに頼らない営業スタイルの私は、その瞬間に即座に対応できることこそ、営業として信頼を勝ち取る最上の方法**だと思うのです。

法人営業の担当者が、できるだけ決定権のある人と話をしたいのと同じで、顧客も決定権のない営業と話をしたいとはあまり思わないでしょう。

しかし、すでに信頼関係が構築済みという間柄であれば、持ち帰るほうがよいとされることもあります。より正確な情報を返すために、慌てずにしっかり考える時間を取ることが価値につながるケースもあるためです。

したがって「即応すべきか、持ち帰るべきか」についても、絶対的な正解があるわけではなく、顧客との関係性やそのときの状況に応じて考える必要があるということです。

ただ、私としてはできる限り即応することを原則にして、場合によっては持ち帰るのもよいと考えています。

足しげく通うべきか、少ない回数でクロージングすべきか？

顧客のところへ足しげく通うべきか、それともできるだけ少ない訪問回数でクロージングするべきかということについては、よく論争になるところです。

どちらかと言うと「顧客のところへ何度も何度も通って信頼を勝ち取ってこい」と上司から教わった営業のほうが多いのではないでしょうか。「ザイオンス効果」といって、接触頻度が高いほど（会う回数が多いほど）好感度が高まりやすいという心理学の法則もあります。

実際に顧客とたびたび会う中で、信頼関係が構築できたということも確かにあると思うのですね。

一方で私はどうしてきたかと言うと、基本的には「**3回目の商談でクロージングする**」**のがよい**と思っています。

1回目は、自分と自社が何者か認識してもらって、ニーズを聞き出す。2回目は、

1回目でお聞きしたニーズを踏まえて、具体的な提案を持っていき、そこである程度本格的な検討も進める。3回目は、顧客での検討が済んだころを見計らって、クロージングに臨む。

このようにできれば、理想的な商談になるのではないかと思っています。

しかしこれにも絶対的な正解はありません。というのは、見込み顧客が何人、何社あるかによって、顧客対応に使える時間が決まってくるからです。

また商品の価格設定によっても、かけられるコストと時間が決まってくる面があります。価格帯が億を超える商品なら、期間で言うと半年以上、訪問回数で言うと10回ぐらい訪問して、ようやく決まるということもあるでしょうが、数百万円の価格帯の商品なら3回以内で決めないと割に合いません。

ただし、そういった自社の都合以上に、「顧客の時間が貴重だ」という認識を持つことのほうがもっと重要です。**営業側だけの都合で「ただ信頼関係を構築したい」とか、「顧客のニーズを見つけ出したい」といった理由で、顧客の貴重な時間を奪う**

のはむしろマイナスなのではないでしょうか。

顧客には本業に集中してもらうべきであるという考えに至れば、無駄に時間を使ってもらうのはよくないことだと気づくでしょう。

何度も何度も会いに行くのが、熱心でいい営業という考えを持っている方もおられるかもしれません。

しかし顧客のことを本当に考えるのであれば、適切な回数でクロージングすることを大切にするほうがよいのではないでしょうか。

適切な回数というのは、先ほどから述べているように、顧客との関係性や商品の価値などに左右されますので、一概に何回とは決められません。

だから多いほうがよいとか少ないほうがよいということではなく、これもやはりケース・バイ・ケースで決まってくるものです。大切なのは「この顧客にとって、適切な回数はどれくらいだろうか？」ということを意識することです。

そもそも「信頼」とは？

先ほどから信頼関係という言葉が何度も出てきていますが、ここで「信頼」とはどういうことかを定義しておきましょう。

人によって信頼の定義も様々でしょうが、ここで述べるのは、あくまで私が考えている「顧客からの営業への信頼」についてです。

端的に言うと、**「顧客が解決したいことがあるときに、一緒に問題解決をしたいと思ってもらえるような関係性」ができたら、信頼された**と言っていいと考えています。

そのような関係性に達する方法は、私の中には明確にあります。

それは**相手の期待値を超えるレスポンスを、2回以上する**ことです。

例えば1回目の商談で、「思ったより、よさそうなプロダクトだな」とか「竹内という男と話をすると、何だかおもしろそうだな」と思ってもらえたとしたら、「1回期待値を超えた」と数えるわけですね。

しかし、それだけではまだ足りません。1回目の商談で顧客から宿題を出されて持ち帰ったとしたら、2回目の商談では、顧客が求めた以上のレスポンスを返すようにします。

例えば「10ページぐらいの提案書が欲しい」と顧客から言われたら、その要望には当然応えつつ、さらに30ページぐらいの詳細な説明書を添付するとか、事例集を持っていくとか、そういった対応をするのです。

それで顧客が驚いてくれたら「2回期待値を超えた」と判断するわけです。

私の経験では、**2回期待値を超えると信頼関係ができて、どうやって課題を解決したらいいいか、本格的に相談されるようになることがほとんど**でした。

アイスブレイクの有無や商談頻度など、ここまで取り扱った観点もそれ単独ではよし悪しが決まらず、顧客との信頼関係次第、といったこともあるでしょう。

私の個人的な好みとしても、信頼関係構築に関する考え方があるからこそ、アイスブレイクに時間を使ったり、足しげく通ったりするのは、顧客にとって無駄が多いのではないかと思うのですね。

また3回目の商談でクロージングするのがベストと考えるのも、それまでの2回の商談で「課題解決を相談する相手」という信頼関係を作れるからなのです。

なぜ3回か?

「3回目の商談でクロージングする」とお伝えしましたが、必ず3回目でクロージングしないといけないということではありません。

しかし、3回目を目標にクロージングすることをまず考えるのがよいというのは、これまでの私の営業経験に基づく裏づけがあるのです。

私のキャリアは、リクルートのカーセンサーという中古車関連事業からスタートしました。中古車の領域は、既存顧客が8~9割で、新規顧客は1~2割という世界です。

現在、私たちモノグサはSaaS（Software as a Service）事業をしており、既存顧客の対応はカスタマーサクセスが担当していますが、当時、私がリクルートに在籍していたころは、既存顧客も営業が担当していました。

既存顧客がほとんどで、しかも競合劣位の状態でしたので、そのころはとにかく足しげく顧客のところに通って、顔を見せるという営業スタイルで仕事をしていました。

なぜそうしていたかと言うと、「顧客のことを気にしている」というアピールのためもあったのですが、本当の目的は、現場に赴くことで顧客の一次情報を集めたかったからです。

競合劣位ということは、自社が提供する商品だけでは顧客の課題を解決できない状況であることを意味します。当時の現状としては、競合商品のほうがよいということですから。

そのような状況だったため、顧客に対して、商品からは独立した問題解決を提案することで信頼関係を構築したいという考えがあって、そのためにはどれだけ顧客のことがわかっているかが大切だと思ったのです。

後述しますが、コンサルティング営業を目指したのです。

また、私はまだ新人だったこともあり、担当する顧客数に制限がありました。20社も回れば、すべての顧客を回れてしまうような感じでした。

そのような状況で取れる行動は、足しげく、何度も訪問するくらいしかなかったのです。ですから営業としてキャリアを歩み始めた初期のころは、「3回」どころか、それをはるかに超える、かなりの訪問回数をこなす営業をしました。

その後、高校向けの教育事業（現在のスタディサプリ）に移ったのですが、20社どころか、取引先が1校もない状態から始まりました。要するに新規事業で、私は一人で商品販売と事業開発に従事していたのです。

全国に高校は約5000校あります。一人で全部回るのは不可能です。しかも、商品を作っていた最中でしたので、オンラインで広告を打てば売れるという状況でもありません。高校に直接訪問させてもらって、商品の説明をしつつ、ニーズも探らないといけないフェーズでした。

営業が訪問するしかなかったので、「では一人あたりどのぐらいの効率で回ればいいか」ということを真剣に考えました。もちろん1回の商談で受注することが理想なのですが、もしも商談1回で売れる商品なら、それこそマーケティングツールを活用してオンラインで売ればよいのです。

それができないので人が営業することにしたわけであって、「では最低何回行けば売れるのか」ということを考えたのです。

まずいったん顧客に情報を伝えなければならないし、導入する価格もそれなりに高かったので、伝えた情報を顧客が吟味する時間も必要です。

これらの事情をすべて考慮したうえで、「だったら何回がよいのか」といったふうに考えていき、3回目の商談で受注するのが最も効率的だろうという結論に至りました。これが本書で説明する「営業スキル検定」の原型になっています。

ただし、これは今のモノグサの営業スタイルであり、モノグサの市場に合ったやり方です。「これが唯一絶対の正解」ではありません。

あくまで一例ですが、具体的な進め方を以下に説明したいと思います。

初回訪問は顧客に自覚的になってもらう

初回訪問では、商談に1時間いただくというのを前提として、営業活動を設計しています。

最初の20分ほどは、ほぼ一方的にこちらがしゃべります。その20分では、プロダクトと自社の価値を伝えます。その後20分、Q＆Aの時間を設けたあと、最後の20分でヒアリングを行います。

ヒアリングでは、顧客の目標、現状などを聞いていきます（具体的なヒアリングの内容は後述します）。

ここで重要なことは、情報を聞き出すことよりも、「課題に対して顧客に自覚的になってもらうこと」です。すなわち、顧客に自身が課題に気づいたと感じてもらうということですね。

「ああ。自分は困っているのかもしれない。そしてその困りごとの解決に、この人が提供してくれるものが役に立つのかもしれない」と思ってもらった状態で初回訪問を終えるのが、初回訪問の目標になります。

初回訪問で1時間半も2時間も時間をもらうというのは難しく、私の感覚では30分から長くて1時間です。30分であれば、以上のプロセスを10分ずつに区切って実施することになります。

2回目は実現時の障害について合意し、対応策を話す

初回訪問で顧客が課題に対して自覚的になれば、次回訪問のアポ（アポイントメント）を取ることができます。1週間後など、2回目の訪問について具体的な日時を決めて、それまでにヒアリングした情報をもとに提案を用意します。

初回訪問でもらった質問に対して「なかなかやるな」という期待を超えた提案が

必要になります。この提案で確実に期待を超えることが求められるのです。

その提案によって、顧客から「それならぜひやりたいね」という合意を取りつけることが目標になりますが、そのためのポイントがあるのです。

顧客の期待を超える提案を持っていけば、必ず「それはいいね」となるのですが、しかし「いいんだけどね」とも言われるのです。**営業が提案したことを、顧客の社内で実現しようとすると、必ず障害が出てくるということ**です。

その障害について合意形成しながら、どうやって乗り越えるかを説明する（カウンタートークと言います）ことが、2回目訪問後半における最大のポイントになるのです。

2回目の訪問も、おそらく最長で1時間ぐらいになるかと思います。前半30分で提案、後半30分は実現時（営業の提案導入時）に発生する障害とその対応について話をするという内訳になります。

その中で、顧客の社内における意思決定フローや組織図、稟議《りんぎ》の進め方、（商談に参加されている方以外で）他に誰に説明する必要があるか、なども確認します。

商談で対面している相手が意思決定者であれば、2回目でクロージングすることも可能ですが、だいたいにおいては担当者であり、その後社内検討と意思決定者への説明があることが普通です。

そこで2回目の訪問の商談後半が重要になってくるわけです。実現への障害とその対応策について一緒に検討した相手であれば、「営業のフォロワー」になってくれることが普通だからです。

そうなれば、3回目の訪問の場をセッティングしてもらえますし、3回目で、営業と一緒になって、意思決定者を口説いてくれるようになります。**「3回目に向けての作戦会議」のようなことが2回目の終わりに行われれば、2回目訪問の目標が達成できた**と言えるでしょう。

以上が、営業が対面で商談をする際に最も効率的なパターンです。逆に、1回で商談が決まるような商品であれば、わざわざ営業が商談しなくても、営業をつけずオンラインで売るほうが効率的だと言えます。

また商談が2回で決まることもありますが、そのような場合は、最初から意思決定者に会えたという例外的なケースがほとんどです。

ということで、対面営業が必要な商品では、3回でクロージングするのが理想的な展開であり、まずはそれを目指すのがよいでしょう。

ただし、重要なことなので繰り返しますが、絶対的な営業スタイルというものは存在せず、商品の価格や顧客側の意思決定の階層数など、様々な条件で訪問回数も変わってきます。

以上の3つの段階を踏むのが一般的ではありますが、例えば2回目訪問で実施すべきことを、何回かに分けて行うこともあります。

担当見込み顧客数と商品の弾力性

ここまで、絶対的な営業スタイルはないという話をしてきましたが、その割には「商談は3回が理想だ」などと持論を展開し、やや混乱を与えた自覚があります。

常にケース・バイ・ケースではありますが、一方で無限に営業スタイルがあるのでしょうか。

絶対的な営業スタイルは存在しないと考えていますが、取るべき営業スタイルに大きな影響を与える軸は存在すると考えています。

大まかに分類すると、**営業には「4つの営業スタイル」**があります。

パターンを決める変数として、**一人の営業が担当する見込み顧客数（担当見込み顧客数）**と、**商品の弾力性**の2つがあると考えます。

売上目標と担当見込み顧客数

まず担当見込み顧客数について解説していきます。

担当見込み顧客数は、売上目標と密接な関係があります。

ここで、自分自身の商品について意識してみてください。売上目標はいくらでしょうか。そして1社あたり、どれぐらいの売上を見込んでいますでしょうか。

エリアなのか、会社規模なのか、あるいは他のセグメントなのか、担当先のセグメントが割り当てられているのが一般的でしょう。取引があるかどうかは別として、担当セグメントに、何社・何人の見込み顧客があるのかをまず数えてみてください。

人によって、「私の担当エリアには5つしか大きな病院がない」という人もいれば、「私の担当エリアには、見込み顧客として2万人の主婦がいる」という人もいるでしょう。

「5つの病院を回ればよい」という人は独力ですべてを訪問できると思いますが、2万軒の家庭を回って、そこの主婦に会わないといけないとなると、全員に直接お会いしてアプローチするのは不可能です。後者の場合、「いかに見込みのある顧客を絞り込むのか」を考えることが、営業行動において圧倒的に重要になってきます。

そこで、担当する見込み顧客数を絞り込むことになりますが、例えばあなたが担当している商品が、年に一度の意思決定で購入されるようなものだとします。

私は先ほど「3回の商談で受注するのが理想的だ」とお伝えしました。この枠組みで営業活動を進めると仮定すると、**およそ3ヵ月で全員に会えるくらいの顧客数**

図1　「担当する見込み顧客数」から営業を整理する

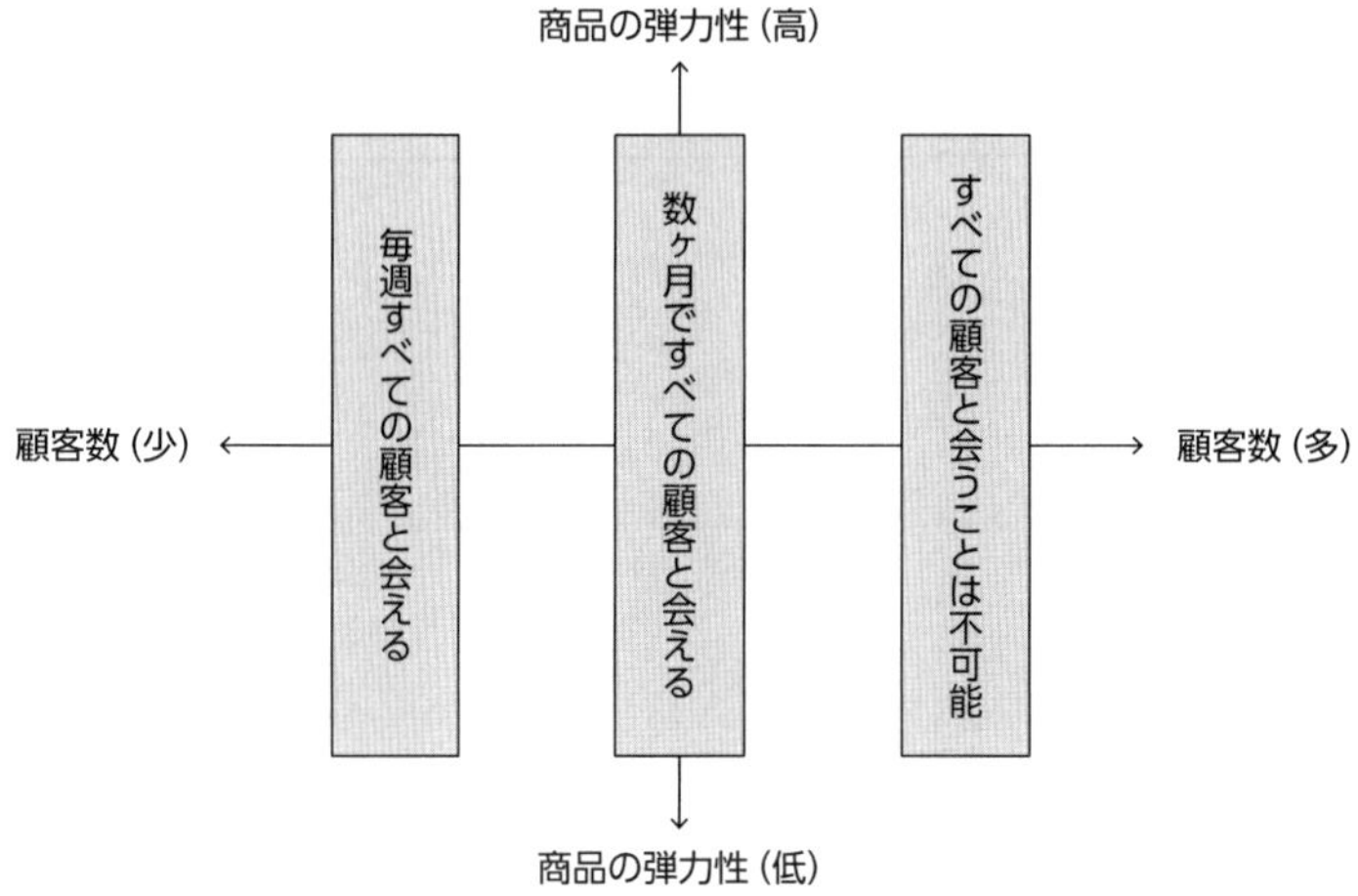

が適切だと考えます。営業日にすると、およそ60日に相当します。

その際に、自分が持っている顧客数が５００人だとしましょう。今ならオンライン商談も可能ですが、それを含めても60営業日で５００人に会うのはかなり無理があります。

顧客数が50人〜60人であれば、おそらく問題なく、回れてしまうと思います。大まかではありますが、このように計算して担当顧客数を決めていくことになります。

逆に顧客数が５社しかないような場合、先ほど例に挙げたような、担当エリア内に病院が5つしかないといったケースではどう考えればよいでしょうか。

これくらいの顧客数であれば、会おうと思えば、毎日会うことも可能です。週に1回会うと、月4回会えますから、1つの商談につき3回ないし4回と考えれば、それで十分だと思います。逆に週に1回本当に会えるのかどうかが1つの観点として出てきます。

以上は担当見込み顧客数の考え方の例で、商品や顧客の属性から考えて、全員と会うのは難しいのか、四半期に1回なら会えるのか、毎週あるいは毎日会えるのか、そのあたりについて整理することから始めてみてください。

商品の弾力性〜商品の価値の変わりやすさ〜

続いて、商品の弾力性について解説していきましょう。

「弾力性」とは経済学の用語で、変わりやすさを意味します。

「弾力的である」というのは価値が変わりやすいということで、一方、「弾力性が

図２　「商品の弾力性」から営業を整理する

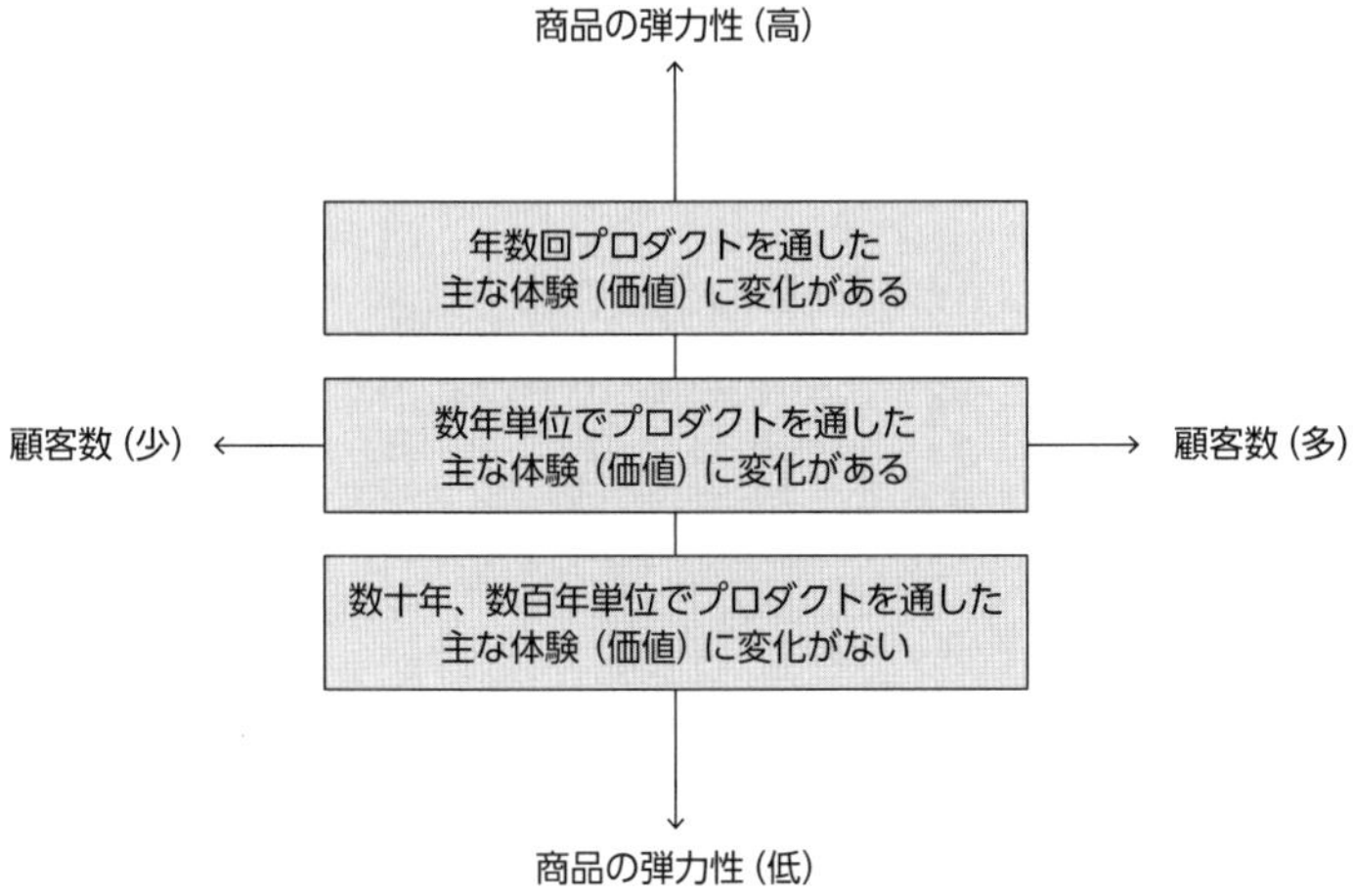

ない」というのは価値が変わりにくい（硬直的）ということです。

大まかには3段階あると考えるとよいでしょう。

変わりにくい、すなわち弾力性が小さいのは、私がよく挙げる例では墓石です。おそらく江戸時代か明治時代には、墓石はすでに存在していたと思いますが、そのころから大きく価値が変わっていないと思うのですね。

数十年、数百年というスパンで価値が変わらない商品が、最も弾力性の小さい商品です。

次に弾力性が小さいのが、数年単位で変わるような商品です。例えば製薬会社が開発する医薬品などが代表的ではないかと思います。研究開発から治験を経て、申請まで数年以上かかる商品だからです。

あるいは工作機械や自動車も該当します。数年に1回、アップデートされる商品です。スマートフォンやパソコンなども2年に1回新機種が出るので、この段階に含めてよいかもしれません。

そして、最も弾力性が大きいのが、四半期単位から長くても1年以内に価値が変化する商品です。顧客がその商品に求めるコアな価値が1年以内に変わってしまうのが、最も弾力性の大きい商品です。

ソフトウェア系のサービスが代表的で、スマートフォンのアプリなどは気づけばアップデートしています。SaaSも同様です。なお、小さなアップデート、例えば「使用しているネジが変わりました」というのはとても玄人好みの変化ではありますが、多くの顧客にとっては、価値の変化と呼べるほどのものではありません。

SaaSと言えば、弊社の例で恐縮ですが、モノグサでは記憶を支援するサービスを提供しています。「記憶力を高めたい」という欲求自体は、おそらくずっと変わらないことでしょう。開発初期のころは、英単語を覚えるために、Monoxerというサービスをユーザーに使ってもらっていました。

開発により、手書き文字認識機能の改良が進み、漢字が書けているかどうかを判定できるようなアップデートがありました。すると小学校低学年を対象としている塾が、「うちの塾では、英単語を覚えるというニーズはないですから、Monoxerは要りません」という反応だったのが、漢字の習得に使えるなら検討するよ、ということになります。

このような価値の変化が「弾力性が大きい」ということなのですね。

あくまでMonoxerが提供している価値の土台は、「記憶のサポート」なのですが、商品を買う理由が、こうした日進月歩の機能追加にあり、それが数ヵ月単位で行われるということであれば、「その商品の価値は弾力的だ」ということになるわけです。

そこで**考えてほしいのが、自分の商品の価値が数年経っても変わらないのか、2、3年で変わりそうなのか、1年以内に変わるのか**ということなのです。

「弾力性が大きければ、検討してもよい」という顧客が現れることもありますので、そのあたりを意識してほしいということです。

営業の4タイプ「マーケティング」「御用聞き営業」「コンサルティング営業」「事業開発営業」

ここまでをまとめますと、担当する見込み顧客がどれぐらいいて、彼ら全員に会うのは不可能なのか、四半期単位なら会えるのか、毎週・毎日でも会えるのか、まずそれを考えてください。

それに加えて、商品の弾力性、未来永劫《みらいえいごう》価値が変わらないようなものなのか、数年単位で変わるのか、1年以内に変わるのかを意識してほしい、ということをお願

図3　営業スタイルポジショニング

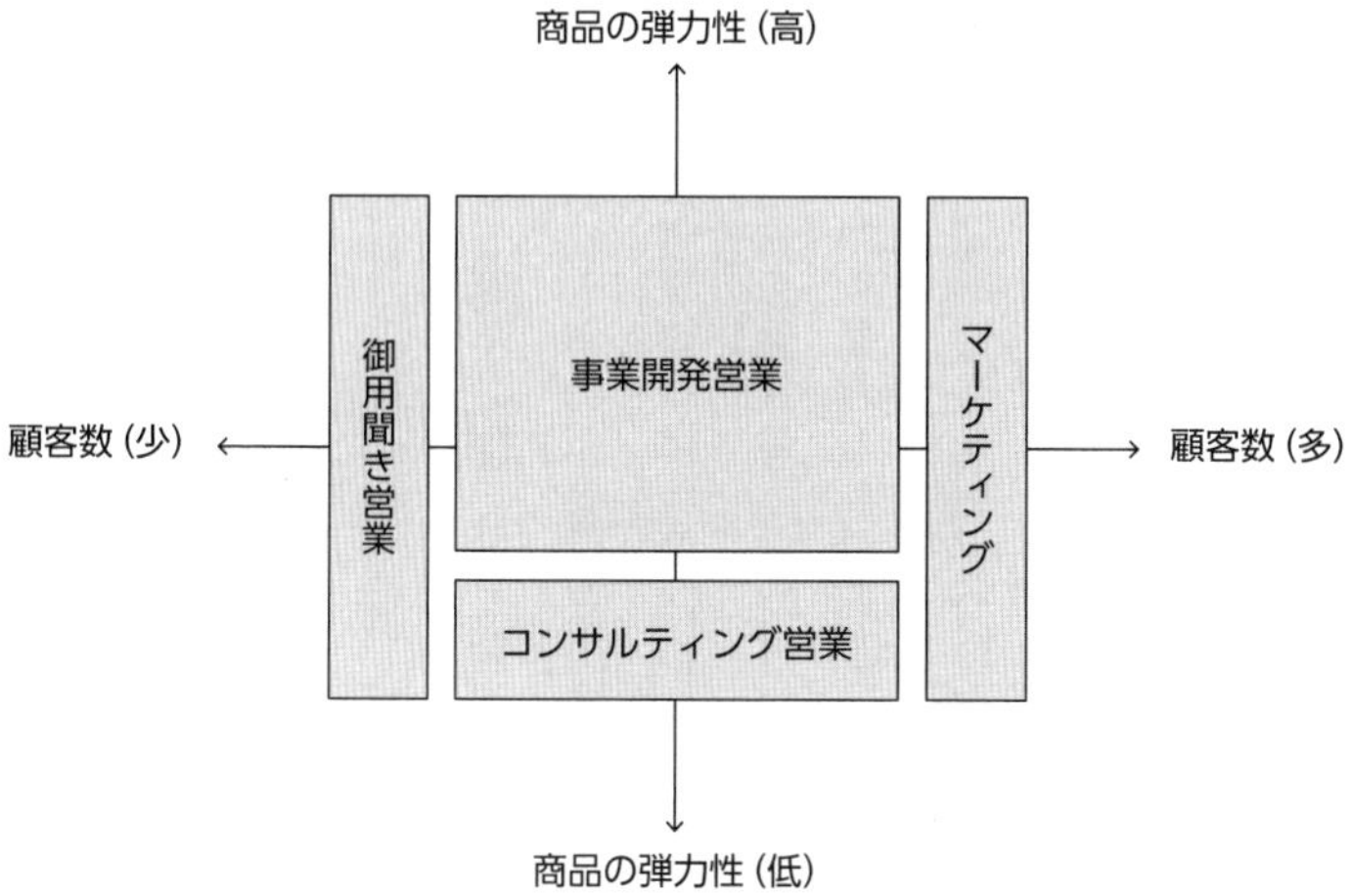

いしました。

この担当見込み顧客数と、商品の弾力性で2軸に取って営業スタイルをポジショニングすると、4つに分けることができます。

それが、**マーケティング**、**御用聞き営業**、**コンサルティング営業**、**事業開発営業**です。

まず、マーケティングという分類から解説していきましょう。

「マーケティングって、営業に分類されるのだろうか?」という疑問もあるかと思いますが、マーケティング活動と営業活動を明確に分離するのは非常に難しいと私は思っています。

ある種の営業活動においては、顧客との折衝以前に、どの層を対象にするかを見極めることが何よりも重要になりますが、この領域の施策は、ほぼ「マーケティング」と呼んでよいと思うのですね。


例えば、商品の弾力性に関わりなく、すべての見込み顧客に直接会うことができないようなときの営業活動です。

そのような場合は、商品の価値が不変であろうが、頻繁に変わろうが、関係ありません。いかに効率的にニーズのある顧客にアクセスするかを見極めるためのマーケティング活動のほうが重要になるわけです。

この場合は「どのセグメントのニーズが強そうか」という分析が重要になるかもしれませんし、口コミや紹介によるネットワーキングが重要になるかもしれません。口コミや紹介によるコミュニティーを作ることができれば、安定的に売れるというケースですね。

いずれにしても、見込み顧客の数がとてつもなく多いということであれば、その中のどのセグメントにアプローチするかが重要になってくるわけです。この領域に該当するのが、マーケティングです。

御用聞き営業は、マーケティングと正反対に、顧客の数から考えると、毎日・毎週でも会える場合の営業スタイルです。それだけ少ない顧客数で利益が出て、営業のサラリーが払えるということは、高単価な商品を取引していることを示唆しています。

「御用聞き」と言うと聞こえが悪いかもしれませんが、私はいい意味で使っています。というのは、「御用聞き」に伺えるということは、非常に強い信頼関係があるということだからです。

御用聞き営業の場合は、前述した「即応すべきか、持ち帰るべきか？」というテーマについて考えると、信頼関係ができているので即応を求められない限りは持ち帰るべきだと考えます。会社としては、総力戦で対応すべき高単価な顧客でしょうから、持ち帰って社内の専門家と一緒に解決策を考えて、あらためて提案するという営業スタイルが通用します。

だから担当営業は「御用聞き」でかまわないのです。

ここまでの内容を簡単にまとめると、見込み顧客の数が膨大ならばマーケティング、極少ならば御用聞き営業という営業スタイルになるということでした。マーケティングはマーケティングで専門のノウハウが必要ですし、御用聞き営業は御用聞き営業で、業界や顧客の業務に精通している必要があります。

どちらも簡単なことではありません。

次に、担当見込み顧客数が真ん中のゾーン、すなわち「四半期に1回会えるかどうか」というゾーンについて説明していきます。ここが営業（特にBtoB企業）においては一番のボリュームゾーンになると思っています。このゾーンは商品の弾力性に応じて、コンサルティング営業と事業開発営業に分けられます。

このうち商品の弾力性が小さい場合、つまり商品の価値が長期間変わらない商品に関しては、コンサルティング営業という営業スタイルになります。

価値が変わらないものに対してわざわざ担当営業を張りつけるのは、商品力だけでは売れないからです。したがって、「営業自身が問題解決する」という付加価値をつけないといけません。

すなわち、商品では差別化できないので、営業で差別化するということです。営業自身の付加価値を顧客に認めてもらって、それで選んでもらう。そういう場合は、コンサルティング営業という営業スタイルが必須になるのです。

一方、商品の弾力性が大きい場合は、事業開発営業という営業スタイルになります（「事業開発営業」という言葉は、私が生み出したものです）。

この場合も、商品だけでは差別化が難しいことが多いかもしれません。しかし、（Monoxerのように）**商品自体の価値が日進月歩の可能性があるのならば、営業の問題解決能力を付加価値にするよりも、商品自体がもっと魅力的になるように、営業は行動すべき**なのです。

事業開発営業は、顧客から情報を収集して、その情報を商品にフィードバックして、商品自体の価値を向上させていくことによって、顧客に新たな価値を提供して

いくという営業スタイルです。

要するに、**営業活動そのものが事業開発になっている**ということです。

営業とマーケティングの境目は?

営業の4タイプについて大まかに説明しました。まず営業とマーケティングの違いについて、私の考えを補足します。

『THE MODEL』(翔泳社、2019年、福田康隆著)という本が、話題になりました。営業活動における分業体制をまとめた本で、BtoBビジネスのバイブルのように言われている本です。お読みになった方も多いと思います。

本書にならうと、まずマーケティング担当がリードを獲得し、MA(マーケティング・オートメーション)などを活用してナーチャリングを行い、ホットリード(有望見込み顧客)を抽出します。その後、インサイドセールスがメールやアウトバウンドコールなどの手段でヒアリングをして、商談化すればフィールドセールスに引き継ぎます。その後フィールドセールスが訪問あるいはオンラインで商談を行い、クロージングまでがんばるという形になります。

しかし会社によっては、リード獲得からクロージングまで一人で進めるケースもあるでしょうし、大量の見込み顧客リストを渡されて「あとはよろしく」と言われたので、マーケティング的な業務を自分で行う営業もいるでしょう。

『THE MODEL』で言われているような、きれいな役割分担がされている会社はそれほど多くないと感じています。

そうなると、**営業とマーケティングの境目はあってないようなもの**だと思うのですね。

特に**BtoB企業においては、マーケティングのかなりの部分を営業が担っているという意識を持つべきだ**と、私は思っています。

本書で扱う営業とは？

本書では、基本的に『THE MODEL』で言うところの「フィールドセールス」を中心に扱っています。役割としては、顧客の課題解決について、顧客と一緒に考えながら商談を進め、契約ないし受注がゴールとなります。

一方で、マーケティングやインサイドセールス段階で、情報の非対称性を埋めていくことも重要と考えています。そこで『THE MODEL』で言えば、マーケティングからインサイドセールスにあたる部分についても、営業スキル検定のフレームワークの中でどのように扱っているかを述べていきます。

結果として、**本書で解説している内容は、インサイドセールスやマーケティングの担当者にも役に立つ内容になっています。**

本書を読まれている方は、いわゆるビジネス書、特に営業に関する本に関心のある方が多いと思います。

したがって『THE MODEL』に関しても読まれたことのある方が大半と思いますが、未読の方もおられると思いますので、本書『営業スキル検定』に関係のある範囲で簡単に内容を説明しておきたいと思います。

著者の福田康隆氏は、2004年に米セールスフォース・ドットコムに転職し、翌年から同日本法人に移って、日本市場における同社の成長に貢献した方です。『THE MODEL』は、氏が同社の営業活動における分業体制をまとめたもので、SaaSビジネスにおける一般的な役割分担に関する説明では、右に出るものはないと私は思っています。

同書によると、いわゆる営業プロセスは、マーケティング、インサイドセールス、フィールドセールス、カスタマーサクセスの4つの部門が関わるものであり、各部門がそれぞれの役割を果たしながら、次のステージに顧客を引き継いでいくものとされています。

それぞれの役割の定義はもちろん、引き継いでいくにあたってのKPIがとてもわかりやすいのが『THE MODEL』の特長だと思います。

ただし、批判ではないのですが、「フィールドセールスがどのぐらいがんばるべきものです」とか、「いいインサイドセールスとはどういう行動をする人なのか」といったことに関する言及はほとんどされていません。

営業プロセスにおける作業工程を詳細に、システマチックにまとめたという意味で、非常に意義のある本ではありますが、営業のスキルや人材育成といった人的な観点にはあまり触れられていないとも思うのです。

本書『営業スキル検定』は、そういった営業の人的側面についても詳しく述べたいという動機で企画したものです。

コンサルティング営業と事業開発営業はまったくの別物

先ほど、コンサルティング営業と事業開発営業は、どちらも四半期に1回程度会える顧客を対象としているが、商品の弾力性が小さければコンサルティング営業で、商品の弾力性が大きければ事業開発営業になると説明しました。

どちらも問題解決能力や顧客との関係構築能力が必要なのですが、実はまったくの別物なのです。

コンサルティング営業とは？

仕事柄、面接をする機会が多いのですが、私が営業志望の方を面接していて感じるのは、「コンサルティング営業をしていました」「ソリューション営業をしていました」「深耕営業をしていました」というアピールをする方が多いということです。従事している営業スタイルの呼び方は、人によって違いますが、要するに問題解決型や顧客伴走型の営業をされてきた方がいて、その方々は「御用聞き」ではなく、そのような仕事をしてきたことに誇りを持っているということでしょう。

前述したように、御用聞き営業は顧客と強い信頼関係で結ばれた営業タイプだと思っていますし、会社における売上シェアが高い顧客を相手にするケースが多いので、ビジネス的にも重要だと考えています。

また、コンサルティング営業自体は素晴らしいことであり、それをしてきたことに誇りを感じることは共感できる部分が大きいのです。

というのは、コンサルティング営業は究極的に言えば、商品から独立した価値、すなわち自身の問題解決能力を付加価値として顧客に提供することで取引しているからです。

コンサルティング営業で取り扱う商品は、弾力性が小さい、ということはすでに述べました。商品の弾力性が小さいということは、商品それ自体の価値だけでは売りにくい、何もせずに勝手に売れていくことがないということです。

弾力性の小さい品の例として墓石を挙げましたが、一般的に、墓石の質の差を感じられる人は多くないと思います。

そう考えると、「墓石を売る」というのはとても大変なことなのです。墓石に関する知識、顧客ニーズへのヒアリング力、あるいは店主の人間的魅力や信頼性などの付加価値があって初めて売れる商品だと言えます。

私自身、コンサルティング営業的な営業スタイルを取っていた時代がありました。そのスタイルで販売していたのは広告でした。

顧客のいろいろな相談に乗り、「コンサルタント的なことをもして差し上げているのだから、広告も買ってくださいよ」という営業スタンスだったのです。そして、そんな自分をかっこいいと思っていた時期もありました。

したがって、コンサルティング営業に対しても、本書で目指すところの事業開発営業と比較して劣るという考えはなく、事業開発営業という営業スタイルの中にもコンサルティング営業的なスキルが組み込まれています。

ただし、「コンサルティング営業がしたいのか」「事業開発営業がしたいのか」というのは真剣に考えるべき問いだと思っています。

というのは、コンサルティング営業がしたいのであれば、コンサルティング会社に入って、コンサルタントになったほうがよいと実は訴えたいのです。

なぜなら、コンサルティング営業の存在価値は、どんなに売りにくい商品でも自分の問題解決能力と顧客との関係性構築能力で販売するところにあり、そこに意義やプライドを感じるわけです。

コンサルティング営業が、あなたがどうしてもやりたい営業スタイルなのか、それとも、本書で説明する事業開発営業こそ、自分のやりたいことなのかはしっかり見極めてほしいと思っています。

事業開発営業とは？

事業開発営業のスキルの中にコンサルティング営業のスキルも含まれる、と述べましたが、コンサルティング営業からキャリアアップして事業開発営業になるという意味ではありません。

どちらも問題解決能力が必要になるのですが、大きな違いがあります。

それは事業開発営業においては、自身の問題解決能力が商品差別化の付加価値になるのではなく、あくまで商品自体の付加価値を高めるために、問題解決能力が必要となるということです。

コンサルティング営業が目指すところは、自分のキャラクターで商品を売ることです。

一方、事業開発営業が目指すところは、市場のニーズをつかんで、仮説を立てて商品にフィードバックし、商品がいい方向に変化して、営業がいなくても売れるようになることなのです。自分を付加価値として売るのではなく、自分の力で商品に付加価値をつけるのが事業開発営業ということです。

コンサルティング営業と事業開発営業ではスキル的には似たところがあるのですが、その「スキルの使い方」が違ってきます。

ここで説明のために、少し先走って「営業スキル検定」が定義するレベルについて簡単に触れておきます。

「営業スキル検定」は、営業レベル0、営業レベル1、営業レベル2、営業レベル3、と4段階に分けられています。

・営業レベル0：ニーズに自覚的で購買行動を開始している顧客との折衝

・**営業レベル1**：ニーズに自覚的だが購買行動を開始していない顧客との折衝
・**営業レベル2**：潜在的なニーズに自覚的でない顧客との折衝
・**営業レベル3**：潜在的にもニーズが存在しない顧客との折衝

詳しくは第2章で解説していきますが、営業レベルが高くなるほど難易度が高くなるのがおわかりかと思います。しかし**営業レベルが低いから重要ではないということではありません。**

営業レベル0はほとんどビジネスマナーに属するものなのですが、それでも、営業としてかなり高度な状態を目指しています。

また、いわゆる営業スキルとしては、営業レベル1に最重要と思われる項目が並んでいます。

コンサルティング営業の方々は、「営業スキル検定」で言うと、営業レベル3を重要視しすぎて、営業レベル2を軽視しがちだと私は思っています。どういうことかと言うと、「商品の話はあとでいいから、とにかく課題を教えてくださいよ」という方向性になりがちなのです。

違う表現をすると、顧客からヒアリングしたインサイトを、「いかに自社商品に結びつけるか」を考える力が弱いのです。要するに「商品よりも自分のほうが偉いんだ」という考え方がなかなか抜けないということです。

一方、事業開発営業では、ヒアリングから得たインサイトを商品の改良・改善に生かすことが大切になってきます。このテーマを扱っているのが、営業レベル2です。

したがって、**営業レベル2を徹底的に極めて、商品から独立しない**（商品で解決可能な）**課題やニーズをしっかりとつかむことができるようにならないといけません。**つかんだ課題やニーズを社内に持ち帰って、専門部隊とコミュニケーションを取って商品に反映していくという素養が求められるのですね。

コンサルティング営業のよさも、事業開発営業のよさもあるのですが、コンサルティング営業の方々は自分がグロスでいくら売って、自分の営業成績をいかにトップラインに持っていくかに関心を持つ人たちだと思います。

一方で事業開発営業の方々は、自社商品が市場においてどのぐらいのCVR（コンバージョンレート）を持つか、すなわち顧客層からどれぐらい共感を勝ち取りやすいのかに関心を持つ人たちです。

自分が介在することによって商品のCVRが向上し、営業がいなくても売れていく度合いが高まっていくことが、事業開発営業の目的なのです。

営業レベル3には、コンサルティング営業にとっても必要な項目がかなり含まれています。しかし営業レベル3の使い方が、コンサルティング営業にとっては、自分にしか売れない商品を売ることなのですね。これは**裏を返せば、その人がいなければ買わなくて済んだ商品を、顧客に売ってしまったと見ることもできる**のではないでしょうか。

これは言い過ぎかもしれません。ただ、ここで知っておいていただきたいことは、「トップ営業」と言うと、売上ランキングの上位に常に自分の名前がある人と思いがちですが、それだけではないということなのです。

仮に**自分がいなくなったとしても、ある商品が売れ続けるために最大限の貢献をした人こそ、トップ営業**という考え方もあるのですね。**こちらを目指すためには、実は営業レベル2**がとても重要になったりします。

とは言うものの、自分の力で売上上位を目指し、周囲から尊敬される営業になりたい、すなわちコンサルティング営業を極めたいという考えを否定するものではありません。

もしあなたがこのような営業を目指すのであれば、本書の営業レベル3の考え方は非常に役に立つと思います。

私自身は、より多くの方に事業開発営業を目指してほしいという考えがあり、そのためにも営業レベル2を軽視しないで読んでほしい、身につけてほしいという気持ちがあります。

いずれにしてもコンサルティング営業も、事業開発営業も、世の中に必要な営業スタイルです。最終的にどちらを目指すかは、本書をじっくり読んでから決めてもらえたらと考えます。

私が事業開発営業を生み出した背景

ところで「事業開発営業」という言葉は、私が生み出したものだと思っています。そこで、事業開発営業がどういう経緯で生まれたのかについて、少しお話しさせてください。

前述した通り、私はリクルートに入社して、最初はカーセンサーという中古車領域の仕事をしていました。当初は御用聞き営業に近い営業スタイルでしたが、かなり早くからコンサルティング営業のスタイルを取るように変わり、そのことに自分も誇りを持っていました。

客先でも、中古車購入サイトであるカーセンサーの営業として、本領である広告枠に関する会話はほとんどせず、「顧客の利益率向上」に主眼を置き、中古車事業部における物流改革に関する提案を行っていました。「顧客の物流改革のお手伝いをしているのだ」という自負を持っていたのです。

物流改革によってロスを減らし、中古車という大きなものを運ぶコストを削減して、コストの最適化を図るというのが私のコンサルティングのポイントでした。顧客からの直接的な相談は販売促進にあったのですが、そこはほぼ無視しました。「物流改革によるコスト削減で利益が1億円も2億円も増えるのだから、そのうちの3000万円ぐらいを販促に使ってください」というスタンスで営業していたのです。

それで結果を出して、会社からも評価され、入社1年半ぐらいからはトップ営業の仲間入りを果たし、私自身もそのことに大変な誇りを持っていたわけです。

そのころに、今の私にとって原体験的な経験をしました。私自身は物流改革のコンサルタントをしていたつもりでいて、現場訪問を重視していました。

ただ、行き先は本部や店舗が多かったのです。そこで「物流をどう変えていこうか」という相談に乗っていたのですが、あるとき、整備工場を訪問する機会があったのです。

それまで私は、本部や店舗の方々が「これは売れる」と思った中古車を店頭に並べて、売れればよし、売れなければ他店舗に移動させたり、オークションに出品したり、そういった中古車の流れのみを物流だと思っていました。

ところがその前工程として、下取りされた中古車が整備工場に流れていたわけです。整備工場の目利きの人が「この中古車は売れそうだ」と思えば店頭に渡せるように整備しますし、そうでなければ業者のオークションに流すということをしていたのですね。

そのとき私が考えたのは、整備工場に並んでいる中古車を直接カーセンサーに掲載したら、広告枠が埋まるということでした。これは顧客にもメリットがあることなのです。

中古車の目利きと言っても、整備工場で働いている方々ですから、本業は整備です。

カーセンサーに中古車を載せることで、どれぐらいの人が見たか、調べたか、関心を持ったかということがデータですべてわかります。カーセンサーを「目利きの道具」として使ってもらうことで、本業である整備に集中できると同時に、客観的な数値データに基づいて売れるかどうかがわかります。

この体制ができあがれば、「せっかく中古車を整備したのに売れなかった」というロスを減らすことにもつながりますし、店舗に運ぶコストも減ります。

そのようなことを顧客にお伝えすることで、カーセンサーの新しい使い道が見出されたのです。

そのとき私は、本質的なカーセンサーの営業ができたと気づきました。それまではカーセンサーのことには触れずに営業していたのです。

しかしこのときは、カーセンサーの持っている、「ユーザーから直接、タイムリーに中古車についての評判を受け取ることができる」という機能を、商品の新しい側面として顧客に提案できたのでした。

要するに、煎じ詰めれば商品を売っている営業なのですから、カーセンサーという**商品に新しい価値をつけ加えることができたということで、この感覚をもっと大切にしないといけないな**と思った次第です。

当時は事業開発営業というネーミングはしていませんでしたが、いわゆるコンサルティング営業的な、商品そのものを度外視したような営業スタイルではなく、同じ問題解決型でも商品とひもづき、商品にフィードバックされる形の提案スタイルがあることに気づいたきっかけとなりました。

その後、私はMonoxerのサービスを思いついて、共同創業者の畔柳圭佑《くろやなぎけいすけ》と起業に向けたミーティングを始めることになります。

当時は、営業は営業であり、事業開発はまた別のBizDev（ビズデブ）という職種だと、別の種類として分けて理解していました。

起業の構想はしていましたが、そのころはまだリクルートに在籍しており、スタディサプリの事業部に異動することになりました。

当時、私は営業を「卒業」したいと考えていました。それで「社内転職」先を探していたところ、スタディサプリが事業開発をしたい人を求めていて、「この職種はかっこいいいな」と思ったのです。

みなさんの会社にも何となく、「あの部門は頭脳集団でヒエラルキーが高い」といった雰囲気があるのではないでしょうか。私もスタディサプリの事業開発にそのような雰囲気を感じて、社内転職制度に応募したところ、運よく異動が決まったのでした。

もうすぐスタディサプリに異動するというタイミングで、畔柳に「事業開発にアップグレードするよ」と報告をしました。

すると彼は「スタディサプリというサービスはソフトウェアで構成されていると思うのだが、プログラミングのできないキミが『開発』って何をするの？」と聞いてきたのです。

その質問を受けて、「直接商品を開発するわけではないが、市場の情報収集をしてニーズをつかんだり、マーケット調査をしたりして、エンジニアと一緒に要件定義をして開発を進めていくんだ」という説明も可能だったと思います。

しかし畔柳という、私が天才エンジニアと認めている人間を前にすると、プログラミングの能力もない私が、「事業開発」として他のエンジニアよりもよい働きができる理屈が見当たらず、この説明は説得力を持たないなと感じたのでした。

そのときに、畔柳になくて私には持ち得る強みを考えたところ、1つしかないと思ったのでした。

それは「**顧客のニーズや状態を知っている**」ということです。現場に出掛けていって、目の前の人が何にお金を払うのか、払わないのかが温度感としてわかるうえに、課題やニーズの一次情報を引き出せるのが、畔柳にはない私の強みということです。これだけは現場にいたことがないと、絶対にわからないことだと思っています。

実際、スタディサプリに異動した後も、私の強みは十分発揮されました。市場調査の段階では、「予備校よりぜんぜん安い。絶対買うよ」と言ってくれる人がたくさんいたのですが、実際に販売したら、当初はぜんぜん売れませんでした。売れるようになったのは、実際に商談を始めて、顧客の温度感がわかってきてからでした。**営業を卒業したいと思っていた私でしたが、そのときに営業の価値を思い知りました。それと同時に「営業から足を洗ってはいけない」と強く思った**のです。顧客からの一次情報と温度感を得られるのは営業ならではのことですし、その情報こそ、商品をよくすることに役立てられるからです。

事業開発とは商品をよくすることですが、そのためには顧客接点が必要であり、その最前線が営業だと再認識したわけです。

このころから、「**営業こそ事業開発**」「**営業と事業開発は同じこと**」と私は言うようになりました。

当時はBizDevという言葉はまだそれほど使われていませんでした。２０１６年にモノグサを創業したころから、BizDevに少しずつスポットライトが当たるようになってきたと記憶しています。特にベンチャー企業にはBizDevが必要だと言われるようになってきました。

そういうトレンドの中で、「営業と事業開発は同じことなんだ」と他人に説明しても、私の意図するところがあまり伝わらないという実感が湧いてきました。

それで、やはり営業をしっかり強調しないといけない、「営業する」ということに向き合わないといけないと考えるようになって、「事業開発営業」という言葉を使うようになったのです。

一次情報が大切であり、その有無が当該職種の強みになりうるという意味では、マーケターにおいても同様であると考えています。

マーケティングには多数の見込み顧客に向けた様々な手法が存在しており、そこには高い専門性が存在しますが、スタートは「n＝1」の共感獲得です。一人からの共感を得られずに、多数からの共感を獲得することは不可能です。

特にBtoB企業においては、担当見込み顧客数によりますが、営業がマーケターになり得るし、事業開発にもなり得ます。

むしろ自分がマーケターや事業開発としても振る舞うことが、BtoB企業においては、理想的な営業スタイルだと考えています。

代替製品との優劣関係

ここまでは主に、「顧客」と「営業である自分」という2つの変数で考えてきました。

しかし営業というものは、それほどシンプルではありません。

ここに**「競合」という3つ目の変数が入ってくることで、がぜん複雑で、難しくなってきます。**

現実的には、競合が存在しないというビジネスはめったにありません。画期的な商品を市場に投入しても、すぐに競合が現れることになります。

そうなると、競合が提供する代替製品との優劣において、営業として求められるスキルがまた違ってくるということを整理する必要が出てきます。

商品価値と価格

ビジネス環境が複雑になった今では、競合と言っても必ずしも敵ではなく、あるときは対立していたと思ったら、その翌日には協業していたということはいくらでもあります。また、ある市場では競合だが、別の市場ではパートナーということもよくあることです。

そういった複雑な状況で、**競合に関して何を整理するのが大事かと言うと、商品価値と価格**です。

ただ「安さも商品価値の1つだ」と考える方もいるでしょう。

そこで本書では基本的に、価値と価格を分離して、一般的に**クオリティーと言われるものを「商品価値」と考える**ことにします。別の言い方をすると、商品の持つ属性のうち、価格以外のもののすべてが価値になり得るということです。

例えばブランドバッグであれば、ブランド認知の高さは商品価値となります。その他、信頼性であるとか耐久性であるとか材質のよさ、乗り物であれば速度とか、とにかく価格以外で顧客に訴求できるものが商品価値になります。

私が商品価値から価格を分離して考えることにこだわるのは、価格というものは、その他の価値から独立して客観的・定量的に評価可能であるからです。これが1つ目の理由です。

例えば「質はいまいちだが、安いからこちらを買おう」という共感獲得があらゆる商品において共通で成立しうるのは、価格がその他の価値から独立した特別な存在であるためだと考えています。

もう1つの理由は、営業、特に**事業開発営業には、価格の決定権がない**からです。このことはしっかりとお伝えしたいところだと考えています。

もちろん値引きして買ってもらうことはあります。しかし最低価格は決まっていまして、それ以上の値引きは決裁が必要になります。営業が独断で決められることではありません。

より本質的には、**そもそも商品をより安くすることは、開発の仕事**なのです。開発コストを下げることでより安く売ろうというのであれば、それは事業戦略になり得ますが、単純な値引きは戦略でも何でもありません。

要するに、商品を安くできるのはエンジニア（開発）だけであって、営業にはその権限はありません。このことを徹底的に意識してほしいのです。

大切なことなので繰り返しますが、営業には商品を安くする権限はありません。ですから、営業テクニックやコンサルティング的な手法で、商品に付加価値をつけることが重要になってくるのは間違いありません。

しかし、それ以上に営業として貢献できることがあります。それが、事業開発の最先端である顧客接点にいて、そこから得た一次情報をもとに、商品価値を高めることなのです。

このことを意識してもらいたいので、私は商品価値と価格を分離して考えることにこだわっているのです。

逆に、あなたの会社の方針が「営業の介入による商品の改善余地は一切なしで、今の商品価値のまま売っていこう」というのであれば、コンサルティング営業的な売り方をしていくしかありません。本書で言えば、営業レベル3で定義したスキルが重要になります。

そうではなく「商品価値を上げる活動をして、売りやすくしていこう」というのであれば、営業レベル3だけでなく営業レベル2のスキルも重要になります。そのあたりも競合に対してどういう戦略で臨むのかで変わってきます。

ここでは、まずは「競合」という変数があるということを頭に入れておいてください。

優劣関係における営業の難易度

ここからは、代替製品との商品価値と、価格の優劣によって営業の難易度がどのように変化するかを考えてみましょう。

図4　横軸を「商品価値」、縦軸を「価格」としたグラフで営業の難易度を整理する

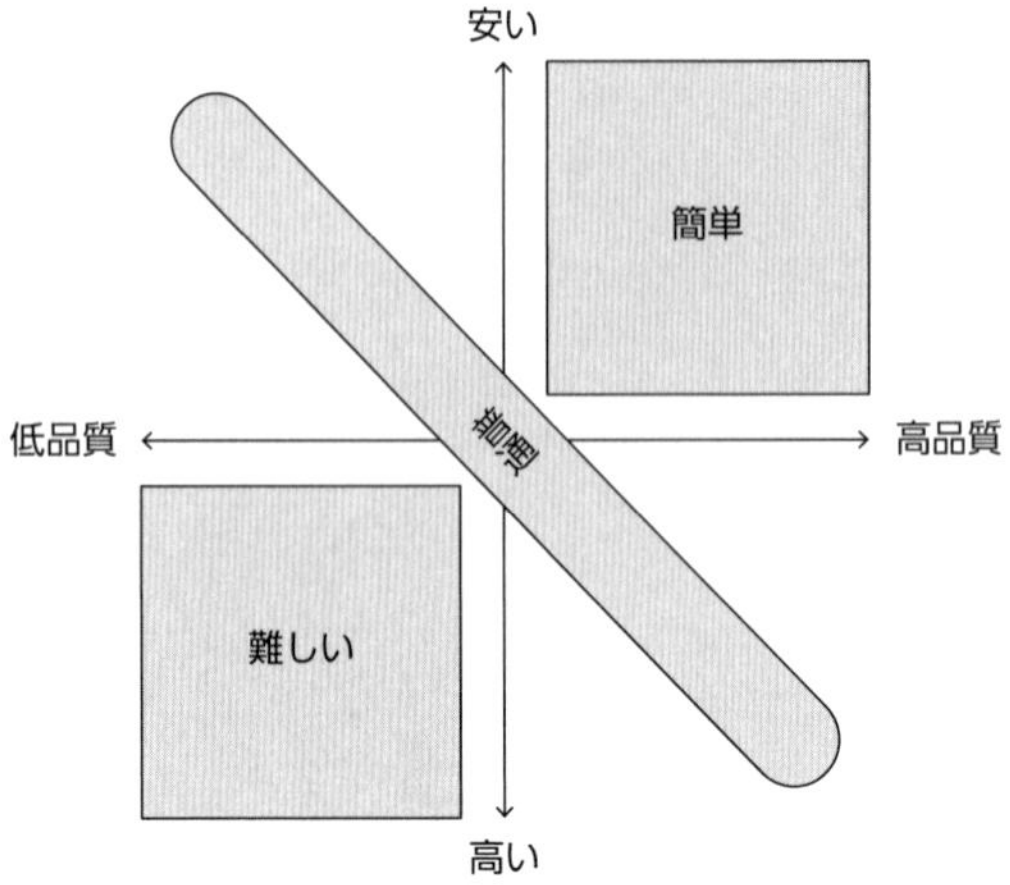

仮に横軸を商品価値、縦軸を価格とした図を描いてみます。

この図に、自社製品と代替製品をズラッとプロットするのです。

自社製品が右上にあれば、とても安いうえに、クオリティーも高いということになります。そのような夢のような商品であれば、正直誰でも売れるわけでして、事業開発営業の出番はなくなります。

営業スキル検定で言えば、営業レベル0のスキルさえあればよいということになります。

ただし補足になりますが、この図は相対的な位置関係を示しており、競合製品

が存在しない場合は右上と定義することはできません。

競合製品が存在するような相対比較が可能な市場であり、そのうえで右上に位置づけられるのであれば、という条件がつきます。

競合商品が存在しないのであれば、まったくの新製品ということで、これはまだ市場がない、すなわち認知されていないということになります。知らないものに対して購買欲求は湧きませんから、その場合はまず認知してもらう努力が必要になります。

認知があって、優位性が明確で、そのうえで圧倒的に価格が安く、商品価値が高ければ、誰でも売れるということなのです。

だからそういうポジションにある商品であれば、問題解決型の営業スタイルで仕事をしたいという人には何の役割もなくなります。宣伝さえ打てば飛ぶように売れますから、わざわざ人件費をかけて営業に売ってきてくれとは誰も言いません。

その理想的なポジションから、図4の左や下に動いてくると、商品の価値をしっかりと顧客に伝えて、自社と顧客との間にある情報の非対称性を埋めていく努力が

図５　営業レベルと各レベルでの顧客の状態

顧客の状態		レベルの定義
ニーズに自覚的で購買行動を開始している	営業レベル0	社会人として必要なマナーをもって顧客に相対できる
ニーズに自覚的だが購買行動は開始していない	営業レベル1	自社と顧客の間に存在する情報の非対称性を埋めることができる
潜在的なニーズに自覚的でない	営業レベル2	顧客の潜在ニーズを顕在化させたうえで提案を行える
潜在的にもニーズが存在しない	営業レベル3	顧客全体に関わる目標を握り、改革のプロセスに関与できる

必要になってきます。**本書で言う営業レベル1のスキルが必要になってくる**のです。

　競合製品に対して商品価値がトータルで同じでも、訴求ポイントがそれぞれある、例えばブランド価値が高いというのであれば、そこをしっかり伝えることになります。

　事業開発営業やコンサルティング営業を目指す方々が求められるとしたら、先ほどの図４の斜めのラインになるでしょう。いいものは高いし、悪いものは安いという、ある意味「当たり前」のポジションです。高級服ブランド対ファストフアッションの戦いをイメージしてもらえればわかりやすいと思います。

価値が異なるが、価格もそれぞれ相応に設定されている場合、「価値への評価」と「価格への評価」の両面が必要になるため、明確な予算制約がない環境では、顧客の意思決定の難易度はさらに増します。

そうなると、顧客の課題の解像度を高めるためのヒアリングが重要になってきます。その際に、顧客が自覚していないニーズがあることも多く、そこに自覚的になってもらわないといけません。

そのためには営業レベル2が重要になってきます。

難易度で言えば、営業レベル0が一番低い。営業レベル1、営業レベル2、営業レベル3とレベルが上がっていくにつれて難易度は高くなっていきます。

あなたが扱っている商品が先ほどの図4の左下にあれば、これはきわめて売りにくい商品ということになります。私がよく「砂漠で砂を売る」と例えている商品です。

一方、右上は「どこでもドア」のようなもので、これはもう飛ぶように売れます。

ところで、「わかりやすい競合がいない」という方もいると思うのです。これは実はMonoxerもそうでして、「記憶を扱っているICTツール」という切り口だと、他に似たような商品はありません。

ですが、Monoxerに競合はまったく存在しないのかと聞かれると、実はあります。それは「紙と鉛筆」なのです。

ユーザーは他の記憶アプリと比較をするのではなく、物事を記憶するためにこれまで行ってきた手法とMonoxerを比較します。

多くのユーザーは、機械（アプリ）に記憶活動を支援された経験は有しておらず、書籍やノート・鉛筆などを利用して記憶活動を行っています。「自力でノートに書いて記憶すること」と比較してMonoxerの有用性を説明できなければ、Monoxerが選ばれることはありません。

よくスマートフォンの普及で腕時計が売れなくなったと言われますが、それと同じような関係性です。

競合とは、「根本的に同じ課題を解決できるもの」ということですね。もっと究極的に言うと、「自力で記憶する人」がMonoxerの競合であり、その一部でも機械に代替させたいという人がいれば、その人に対してはMonoxerが価値提供できることになります。

自力で記憶する場合には1円もかかりません。それに対して、1円でも値段をつけた瞬間にとても高いと感じるわけです。また機械に記憶を任せること自体がよいとは思わない段階であれば、商品価値も低くなります。図の左下のポジション、「砂漠で砂を売る」ことになるのですね。

何が言いたいかと言うと、先ほど述べた認知のない商品、すなわちベンチャー企業が扱う商品は、ほとんどが「砂漠で砂を売る」ような段階から始まるということです。

大手企業を相手にした相見積もりを取られるような市場であれば、まだ売りやすいのですが、まだPMF（プロダクトマーケットフィット）していない、つまりまだ市場が定まっていないような商品は売りにくいのです。

つまり新規事業を担当している営業、すなわち事業開発営業はとても難易度の高いことを求められているのです。

このことをしっかりと自覚していただきたいと思います。

事業開発営業の方向性

先ほど、営業には価格を下げる権限がないとお伝えしました。

では事業開発営業の方向性はどこにあるかと言えば、先ほどの図で言えば、価格軸は動けませんから、横軸である商品価値軸の右へ進めるしかありません。

つまり、**商品価値を高めていくしかない**、ということですね。

このこともしっかりと頭に入れておいていただきたいと思います。

「事業開発営業ができてきている」ということをどうやって認識するかと言うと、それは商談で使う「営業スキル検定」の営業レベルが下がってきていると感じられ

図6　事業開発営業の方向性

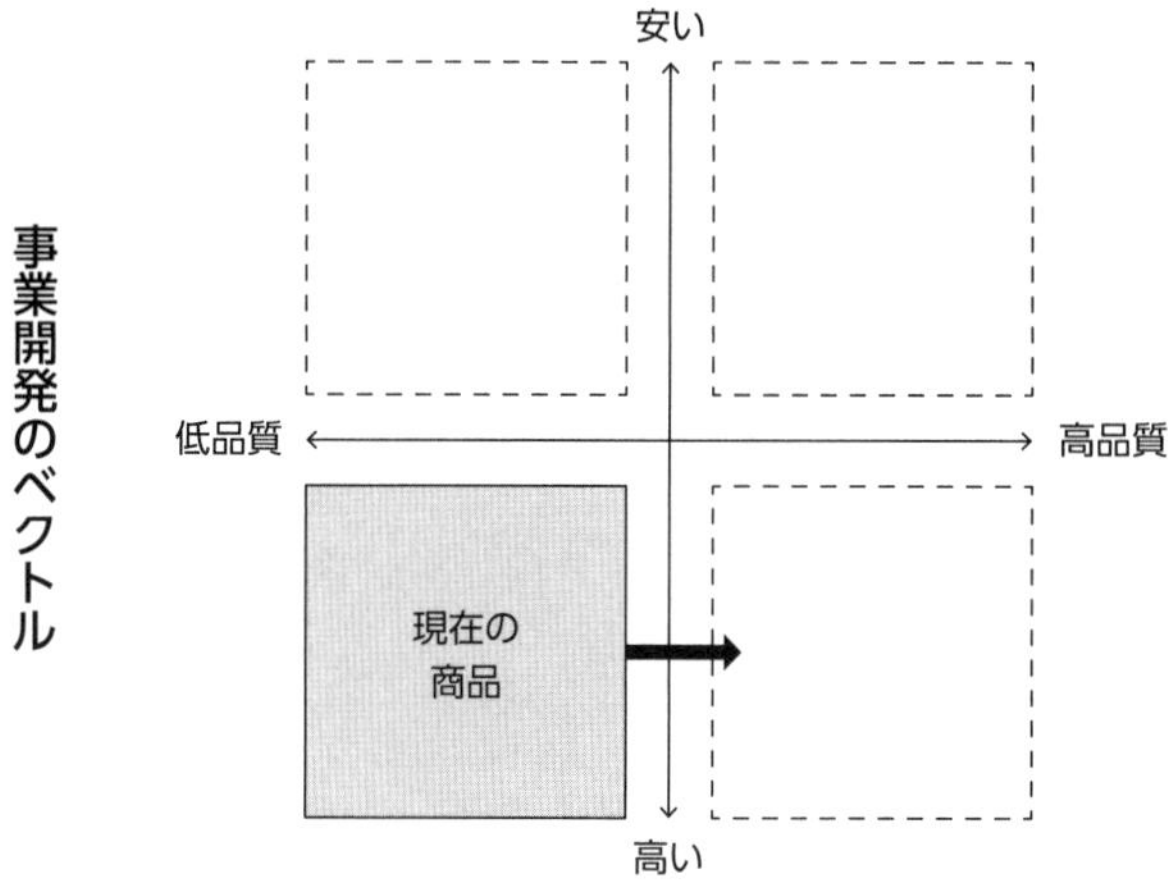

るかどうかでわかります。

これまでは営業レベル3を行使しないと売れなかったのが、営業レベル2で売れるようになってきていると感じれば、商品価値が高まっているということなのです。

すなわち、**営業レベル3を実行しないと売れない市場に降り立ち、最終的には営業レベル0でも売れるようにして、その市場から自分たち（営業）はいなくなるというのが事業開発営業の方向性**ということになります。

そのためには市場からどのような情報を得て、何を商品に実装してもらえばいいかを考えることが必要になりますが、それにはまず本書で言う営業レベルをきっちりと認識して、習得することが重要です。

事業開発営業が会社にいい影響を与えられる条件とは?

私が事業開発営業を志向する理由は、私たちがいなくても、例えばMonoxerというサービスがあらゆる人に認められ、使われる世界を理想とし、その理想の実現を目指しているからです。

大前提として、あらゆる会社が設定しているミッション・ビジョンは素晴らしいものです。「そんな世界が実現したら人類は幸福に近づくだろう」と、どの会社のミッション・ビジョンを見ても感じます。

それと同時に、あらゆる会社の現在のプロダクトは、そのミッション・ビジョンを実現するうえでは発展途上であるはずです。乖離《かいり》はあるけれども、現状の価値や会社のミッション・ビジョンに共感してもらい、商品を購入してもらう。

そのために私たち営業は存在しています。

それに加えて、営業はプロダクトの価値が増幅され、営業がいなくとも自然と共感されていく世界の実現に協力するべきであり、会社やプロダクトを変えるために積極的に働きかけていくべきだ、と考えています。

とはいえ、営業だけが張り切っていてもそのような活動を行うことは不可能です。**そのためには、そもそも開発と営業が協力的である、つまり「仲がよいこと」が必要だ**と思うのです。

そうでないと営業が事業開発という形で、プロダクトに対する当事者意識を持つこと自体が難しくなります。当事者意識があってこそ、市場から一次情報を集めて、開発にフィードバックできるものなのです。

開発と営業の仲がよければ、コミュニケーションが円滑になり、プロダクトが改良されて商品価値が高まっていく速度も速くなります。

すると早期に市場にフィットして売上も上がりやすくなり、結果として会社は急激によくなっていきます。

一方で、営業が「商品価値が低くても自分の力があれば売れる」と思っていたり、逆に「商品価値が低いものを高く売らされている」と不満を持っていたりする会社はなかなか成長しません。

共有するべき一次情報を、営業が開発にフィードバックせず、いつまで経っても商品価値が上がらないからです。

もちろん「どこでもドア」のような商品を売っている会社であれば、そもそも営業はその組織には不要で、事業開発営業のニーズもないことになりますが、そのような会社はめったにありません。

一般的な企業であれば、営業が自《みずか》ら事業開発営業的なマインドを持って開発と仲よくし、市場の一次情報をフィードバックしていくことで、商品価値向上のスパイラルが回るようになります。その結果として会社がよくなっていくというのが、事業開発営業が会社をよくする流れだと信じています。

第2章

トップセールスのノウハウを身につける「営業スキル検定」

知識とKPIとスキル

本章では、本書の主要コンテンツである「営業スキル検定」について解説していきます。

その前に、前提となる説明をしておきたいと思います。

営業に必要な**「知識」「KPI」「スキル」**についてです。

営業に必要な知識とは?

知識とスキルを分離していますが、「知識もスキルのうちでは?」という疑問を持った方もいるかもしれません。

そこで本書における**「知識」**の定義を紹介しますと、**「それを記憶していれば、そのままで使える情報のこと」**となります。

知識の例を挙げましょう。Monoxerが「解き続けて覚える」というコンセプトの商品であると知っていれば、その情報をそのまま伝達することで商品説明に利用することができます。

また、学校という組織に営業をする場合の意思決定者が校長先生であると知っていれば、「校長先生と商談する際に意思決定者向けの情報を用意すべき」と考えることができます。あるいは、いわゆる業界情報なども知識です。

要するに、**「そのことを知っていれば、そのままの情報の形で有効活用できる」というのが知識**です。

大前提として、知識は多ければ多いほどよいということになります。

営業においてベテランが尊重される理由は、やはり職歴が長いからであり、職歴が長いということは、対象業界そのものの知識と、その業界で営業するために必要な知識が豊富にあるということなのです。

したがって、営業という職種は、他の職種と比較して、職歴が長いほうが活躍しやすい職種だと言えます。

　とはいえ、営業組織に所属しているのはベテランだけではありません。万が一、営業に必要な知識があなたの営業組織で整理・共有されていないとしたら、これは大問題です。

　大急ぎで業界や顧客に関する一般常識や情報を集めて、知識として誰もが学べるよう、社内で共有できるように整理してください。

営業に必要なＫＰＩとは？

　続いてＫＰＩについて解説していきましょう。営業にはいくつかのフェーズがあって、例えば第１章では、３回の商談でクロージングするときの流れについて説明しました。

　その際に、初回の商談では顧客のニーズを聞き出して次回のアポを取る、２回目では実現時の障害になることについて合意して一緒に対応策を考える、３回目ではクロージングする、といったそれぞれの回でのゴールを設定しました。

このゴール、言い換えると達成基準がKPIです。

他にも、社長への訪問回数や提案回数といった数値目標もあります。いずれにしても**達成基準が明確で、最終的な営業目標（受注件数や売上額など）とのつながりがわかるものがKPIと呼ばれます。**

もし貴社の営業活動においてKPIが定義されていなかったり、定義されていても達成状況がしっかりとモニタリングされていなかったりするのであれば、今からでも始めてほしいと思います。

スキルを重視し、それを持つ人を高く評価する営業組織が多いと感じます。もちろんスキルは重要ですが、**組織的な営業がしたいのであれば、スキルと同様に、豊富な知識量としっかりしたKPI運用もとても大切**だと考えます。

KPIをどうやって決めればよいかわからない組織もあるかもしれません。その場合は、すでに活躍している社内の営業がどのような商談を何回行っているか、また各商談の目的を把握し、対象顧客の各目的達成度合いをKPIとするとよいでしょう。

大切なことは、早急にKPIを定めることであり、有効なKPIであるかを常にモニタリングすることです。やや極端な例ですが、「受付に明るく挨拶ができた回数」といったものでもかまいません。

まずは試しにKPIを決めてみて、それと営業目標との間に相関関係があるかを分析することから始めてみてください。

仮説としてKPIを決めてみて、PDCAを回しながら検証していくということです。そのうえで、営業目標と相関関係のあるKPIを見つけ出していくことが肝心です。

営業に必要なスキルとは?

スキルと同様に、豊富な知識量としっかりしたKPI運用もとても大切だとお伝えしましたが、本書で強調したいのはスキルの重要性です。スキルも非常に大切なものです。

ですが、ほとんどの会社でケアできていないのがスキルではないかと考えています。

まず「スキル」とは何でしょうか。

先ほど「知識とは、それを記憶していれば、そのままで使える情報のこと」と定義しました。

それと対比すると、**「スキル」とは、「そのように記憶していても、そのままではその通りに体現できない技術」**となります。

少し抽象的な表現かもしれません。わかりやすいよう、「営業スキル検定」を例に取って解説します。

後述する「営業スキル検定」の営業レベル1に、「無駄な言葉を入れずに話を展開できる」という項目（営業レベル1の6）を設定しています。

「無駄な言葉を入れずに話を展開できる」ということは簡単に記憶できます。

図7　知識・スキル・行動（KPI）

しかし実際に商談をしてみると、「あの」「えっと」という無駄な言葉（口癖）は、気づかないうちに、いつの間にか言ってしまいます。言っていることに本人も気づかず、同席した上司から指摘されて初めて気づくわけです。

失敗して、指摘され、また失敗することを繰り返して、ようやく体現できるようになるものを、「スキル」と呼んでいるということです。

営業に必要な知識とＫＰＩ、スキルの話は以上です。

営業スキル検定は、知識習得にも、ＫＰＩ理解にも結びつく内容を含んでいま

すが、一番の目的は「スキルを伸ばすこと」にあります。

そのことを説明する前提として、知識・ＫＰＩ・スキルの違いをお伝えした次第です。

例えば**スキルを身につけるためには、ロープレ（ロールプレイング）が重視されます。**営業スキル検定でも多くの項目を身につけるにあたって、ロープレが必須になっています。

そして、**ロープレは知識なしではできません。**

したがって、営業スキル検定でスキルを身につけることで、知識も習得することになります。

また、**営業スキル検定は、実際の商談を模擬的に進行する中で評価する仕組みとなっており、**特定の商談から次の商談を設定するケースもあります。例えば、「顧客の意思決定構造を把握し、適切な次回商談を設定する」というスキルが存在する場合、これは市場の重要ＫＰＩを理解することと共通する部分が多く存在します。

しかしながら、営業スキル検定で評価するのは、商談でのやり取りが適切にできるかなどのスキル面です。「この業界では、おおよそこのような意思決定構造になっているから、次回商談設定はおそらくあの人宛だ」と記憶していることはもちろん重要ですが、実際のやり取りの中で体現できているかを評価します。

営業スキル検定を行っていくうえで大事なことはスキルを身につけることですが、そのためには知識の習得やＫＰＩの理解が必要な関係性になっていることを、ここでは理解していただければと思います。

営業活動とスキルを結びつける営業スキル検定

知識は絶対に必要です。またＫＰＩについても、それを定義してモニタリングしている営業組織が大半だと思います。

万が一これらがおざなりになってしまっている場合は、今すぐ真剣に取り組んでほしいとあらためて強調しておきます。

ところが知識とＫＰＩを重視している組織でも、意外となおざりにしているのがスキルのケアなのです。

どういうことかと言うと、多くの組織では営業コンサルタントなどの外部講師を招いて営業研修をし、ロジカルシンキングなどを教えてもらうようなことが多いと思うのです。それも必要なことですが、このような教育体制は、営業活動とは切り離した形でスキルを学ばせようとしているにすぎません。

これではスキルの習得というより、知識の習得で終わってしまうことになります。

それではスキルは習得できないので、**個々の営業活動と営業スキルを密接に結びつけた営業スキル検定というものを、私たちは提唱しているの**ですね。

営業活動とスキルを結びつけることの重要性を理解してもらうために、いくつかの観点で説明していきます。

「自分はなぜ人より売れるのか」を説明できますか？

あなたが成績のいい営業だとして、自分がなぜ人より売れるのかを説明できるでしょうか。「業界に詳しいから」「顧客と密接にコミュニケーションを取っているから」「人よりも口が達者だから」など、様々な説明が可能だと思います。

しかしながら、知識量やＫＰＩをとって説明をしたとしても、実は「なぜ売れるのか」を説明したことにはならないのです。

業界に詳しいあなたが、業界の常識などの情報を文章にまとめることは可能でしょう。その情報は、知識であり、間違いなく他の営業の役に立つものでしょう。その中には、業界の決裁者情報なども含まれるはずで、設定するべきＫＰＩが明確になるかもしれません。

ただし、これだけでは不足しているのです。

もし**組織内であなた一人が売れていて、その理由を言語化しようと思ったら、スキルについて言及しないといけません。**

というのは、**売れる営業を育成しようとか、売れている営業をさらに強化しようということは、知識やＫＰＩの理解に加えて、スキルを強化することに他ならない**

からです。

これはきわめて重要な前提です。

例えば、「顧客と密接にコミュニケーション取っているから」という「売れる理由」の例を先ほど挙げましたが、何を満たすと密接にコミュニケーションを取ったことになるでしょうか。密接さが実現している顧客目線での価値は何でしょうか。

仮に、顧客の課題を把握し、その課題解決に向けて伴走している状態を「顧客と密接にコミュニケーションを取っている」こととします。その場合、新人に「顧客の課題を把握し、その課題解決に向けて伴走すればよい」とアドバイスするだけで体現できるでしょうか。

これは不可能なはずです。なぜ不可能かと言うと顧客の課題を把握し、その課題解決に向けて伴走する権限を得ることがスキル、すなわち、「そのように記憶していても、そのままではその通りに体現できない技術」だからです。

スキルを言語化できないといけません。そして、これは他の売れる営業を育成することにもつながります。

だからこそ、自分が売れる営業ならば、「なぜ売れるのか」を言語化できるかどうかを自らに問うてほしいと思うのですね。

業界に詳しい＝売れる？

なぜ知識やＫＰＩについて話をしても、売れている説明にはならないのでしょうか。

まず知識について考えてみます。

業界に詳しいことが重要なのは言うまでもありません。業界について多くのことを知っていればいるほど、売れる可能性は高くなります。

しかし、業界に詳しいのは本当に営業なのでしょうか。特定業界向けのソフトウェアを作るエンジニアのほうが実は詳しい、ということもあり得るはずです。

そのように考えたら、自分よりも業界に詳しい人がいる中で、自分のほうが売れるとしたら、業界に詳しいこと、すなわち知識があることが売るうえでどれだけ重要なのかという疑問が生じるわけです。

要するに**業界に詳しいだけでは、営業としては不充分**ということになります。

ＫＰＩをモニタリングするだけでは不充分

では、ＫＰＩはどうでしょうか。

ＫＰＩをモニタリングする重要性も、どの営業組織でも言われていることです。アポを取らないと商談も始まりませんから、「アポがどれぐらい取れているか、数値としてモニタリングしよう」といったことはどの組織でもやっているはずですし、それ以降のフェーズにおける案件の件数管理も、普通に行われていることだと思います。

では、ＫＰＩをモニタリングしていれば売れるのでしょうか。

実際にはそうではなく、それぞれのフェーズで何をしているのかのほうが重要です。

モニタリングをしていれば、「今期の売上が伸びていないのは、提案件数が少ないからだ」といった異常検知はできますが、できることは異常検知までです。

商談数が減っていないのに提案件数が少ないのだとすれば、商談内の行動に問題があるはずです。商談内の行動に問題があるということは、結局スキル面での問題があるということです。

つまりKPIをモニタリングしているだけでは不充分で、売上の伸び悩みなどの異常を検知したら、それはスキルに問題があるということです。その際には、各営業にスキルを習得してもらうことが重要になってきます。

知識は記憶するのみで習得可能ですが、スキルについてはトレーニングが欠かせません。記憶し、実行し、評価を受けるサイクルを繰り返すことが重要になってきます。

スキルを「言語化する」ことの重要性

ここまで知識やＫＰＩも重要だが、それだけでは売れないということを述べてきました。

結局、**売るためにはスキルが必要**なのです。

そこで**スキルを言語化し、育成し、評価すること**が重要になってきます。その中でも、まず「スキルの言語化」をしないことにはスキル向上による営業活動の改善は始まりません。

言語化していないことは、他人に教えられません。

あなたが売れている営業だとしましょう。後輩から「なぜ売れるのですか？」と聞かれた際に、「それはこの業界での営業歴が長いからだ」という答えしかできなければ、後輩は取りつく島がなくなってしまいます。

また、「重要な行動（ＫＰＩ）を理解しているからだ」と返答したとしても、後輩からすると「そこは私も理解しているつもりなのですが……」ということになります。後輩の営業成績向上にはつながりません。

しかしスキルが言語化できていれば、それを後輩に実践可能な内容で伝えることができます。**そうすれば、「売れている自分」と「売れていない後輩」の違いが浮き彫りになりますから、後輩はそのギャップを埋めるために、具体的な努力ができるようになります。**

後輩の育成のためにも、スキルを言語化する必要があるということです。

ベテランであっても、スランプに陥ることもあるでしょう。そんなときにスキルを言語化できていれば、成果が上がらない理由をスキル一覧と照らし合わせながら、自己確認することもできますし、組織としてもスキルが共通言語化されていることで、「何が問題で今、売れていないのか」をお互いが指摘し合える環境を整えることにつながります。

スキルの言語化の重要性はわかったが、所属する組織ではまったく言語化できていないということもあるでしょう。

スキルの言語化をしていくうえで大切なことは、顧客の業界や自社の組織における重要なスキルを特定することです。それが特定されていないのであれば、まずは言語化を始めて、その内容が正しいかについてＰＤＣＡを回しながら検証し、修正していきましょう。

とはいえ、「言語化をしていくための、たたき台が欲しい」という方も多いでしょう。そのたたき台になるのが、本書の「営業スキル検定」なのです。営業スキル検定は私の長年の経験からスキルを整理し、言語化したものです。

ただし基本的にはモノグサで使用しているものになりますので、「貴社にとって」完璧な正解とは言えません。

ですが、本書でお伝えする内容をベースに考えれば、迅速に社内のスキルの言語化を始められるでしょう。

スキルを「育成する」ことの重要性

スキルを言語化できたら、それに沿ってスキルを育成していくことになります。単純な話ですが、個々の営業のスキルが向上すれば、一人あたりの生産性も向上し、利益や売上が増えることにつながります。

そのうえで**大事なことは、育成する営業に成長実感を与える**ことです。というのは、成長実感がないと、営業というのは、もう結果しかないのです。売れたかどうか、あるいはその途中の行動（KPI）をしっかり実現したかどうかだけだと、売れない人はどんどんモチベーションをなくしていきます。

しかし、「できなかったことができるようになった」という成長実感があれば、もう少しがんばれば結果につながるという手応えが出てきて、そのうち実際に売れるようになるものなのです。

そのように導くためには、スキルを細かく分解して、できるようになった成長実感を継続的に与えることが大切です。

そのような育成をするために考案したのが、営業スキル検定なのです。

スキルを「評価する」ことの重要性

スキルを評価することは、個々の営業のスキルを可視化することであり、営業組織をマネジメントするにあたってとても重要なことです。

しかしさらに重要なことがあります。

それは「**評価こそが育成のカギになる**」ということです。

「いい評価を受けたい」という思いが、成長へのモチベーションになるのは言うまでもありません。一方で、悪い評価を受けたとしても、それが自分の欠点を修正することにつながるのであれば、やはり成長へのモチベーションになります。

だからこそ「検定」というスタイルを取っているのです。

営業スキル検定に合格してやろうと思うから努力し、実際に成長につながっていくからまた努力するというサイクルができあがります。学校でも、中間試験や期末試験をやらないと生徒の成績は伸びません。

それと同じことです。

開発、生産といった領域ではPDCAを回すのは当たり前ですが、スキルの向上に関するPDCAを回すという発想はあまりないと思います。

しかし「スキルを言語化して、育成計画を立てて、実施しました」だけで営業を育成することはかなり難しいです。

効果的な営業育成のためには、定期的に評価を実施して、フィードバックすることがどうしても必要になります。そのための「検定」なのです。

本書を読んで、営業スキル検定というコンセプトが「営業育成に使える」と感じられたなら、スキルのPDCAを回す組織作りにぜひ取り組んでいただきたいと思います。

スキルを評価し、フィードバックするところまでできている営業組織はなかなかないので、それができるようになれば、それだけで他社に差をつけられるはずです。

まず言語化してしまうことが大切

私は、今の営業スキル検定の「初版」のようなものを、リクルート入社4年目の26歳のときに作りました。すでにその段階で、単にスキルを言語化したものではなく、「検定」と言えるレベルのものになっていました。

なぜそのようなものを作ろうかと思ったかと言うと、Dさんという伝説的な営業成績を残した女性の先輩社員の影響があるのです。

Dさんは飛び込み営業をしたときに、それを迷惑に感じたお客様によって、目の前で名刺を破られたことがあったのだそうです。普通の人なら落ち込んでしまって、そんな会社には二度と行かないでしょう。

ところがDさんは、名刺の束をぐるぐる巻きにして破られないようにして、その会社に再訪問したのでした。「先日はすみませんでした」と謝りがてらその名刺を渡すと、お客様は大うけしてしまって、結局契約まで進んだのだそうです。

Dさんは私の最初のマネージャーで、とても人柄のよい、明るい方でした。新卒の私に「営業のいろは」を教えてくださった恩人です。

どちらかと言うと感覚重視の方でしたが、**Dさんがよく口にされる営業のポイントを、自分自身で整理してみた**のです。これを行ったのは、入社1年目のころでした。

その結果、「Dさんがおっしゃっているのはこういうことなんだ」と自分なりに納得ができて、整理してみたノウハウをそのまま実践に移したところ、社会人1年目で社内で表彰されるほど売ることができるようになったのでした。

それ以来、「売れる人が何をしているのか」を自分なりに言語化する癖がつきました。**言語化を継続した結果として、リクルート入社4年目には営業スキル検定の「初版」が作れるほど、スキルを体系化することができた**のです。

私の場合は、新人のころからスキルを言語化することを意識してきたわけですね。

私が考える**言語化のポイントは、自分の中で大事だと思うことを、拙《つたな》くてもよいからとにかくアウトプットすること**に尽きます。

言語化することを嫌がる人は多くて、そのほとんどの理由が間違いを指摘されるからということのようです。

しかし実は、**間違いを指摘されることこそが言語化の最大のメリット**でもあるのです。

最初からメソッドとして完璧な言語化が可能な人など、まずいません。ですから、とりあえず思ったことを言語化して公表すれば、必ずと言っていいほど間違いを指摘されることになります。

指摘されることで間違いが修正される、その繰り返しでよりいいものになっていくのであって、言語化して公表しない限りは、ずっと間違ったまま自分の中に沈殿《ちんでん》していくことになります。

ロジカルシンキングの研修などを受けると、自分の書いたもののクライテリアがそろっているかどうか、MECEかどうかといったテクニック的なことが気になってしまいます。

ですが、そんなことは気にせず、整理されていなくてもかまわないので、とにかく言語化して、人から指摘をもらうことが肝心なのです。

間違いだと指摘されても、笑われても、その指摘が確実に成長につながるのならよいではないですか。

そう割り切って、言語化に取り組んでください。

もう1つ、営業はたくさんの文章を作成する仕事でもあります。文章の作成には体力が必要ですが、大量のアウトプットができるようになるには「慣れること」が重要です。

言語化の習慣をつけることは、文章化の体力を培うことにもつながり、結果的に営業としての成長にもつながるのです。

フィードバックの際に留意すること

スキルを評価して、フィードバックすることが必要であり、重要だと申しました。ただ、フィードバックの仕方には難しい面もあります。フィードバックの仕方に問題があれば、最悪の場合、パワハラと捉えられることさえあります。

営業スキル検定においては、各営業レベルの項目ができていないときのトレーニング方法も明記していますので、「こういうトレーニングをしなさい」というフィードバックもできるようになっています。

その際に、**「どうして評価が悪いのか」を具体的に知らせることもあわせて行うべきです。**どの発言、どの行動でＮＧになったのかをフィードバックすることが必要で、それができなければ評価としてはよろしくありません。

評価においては、まずスキルの定義が明確なこと、評価基準が明確なこと、基準に達していないときの改善方法が明確なことが必須です。

営業スキル検定におけるスキル一覧のフォーマットは、これらを踏まえたものとなっています。

「営業レベル」という概念

営業の「レベル」ということを考えると、様々な基準があると思います。例えば、顧客の性格のよし悪しといったことでも難易度は変わりますし、顧客の事業がうまくいっているかどうかでも変わってきます。

今にもつぶれそうな会社に売るのと、順風満帆な会社に売るのとでは、当然ながら後者のほうが売れる可能性が高い、すなわち難易度が低いということになります。

数々の基準が考えられる中で、**私が着目した基準は「顧客のニーズの顕在化度合い」**でした。絶対ではありませんが、私の経験から、これが最も妥当性が高く、有用性も高い基準ではないかと考えています。

顧客のニーズの顕在化度合いによるレベル分け

顧客のニーズの顕在化度合いで考えると、**顧客が自分たちのニーズをすでに自覚している状態が最も売りやすい状態**であり、これを**営業レベル0**と定義しています。

わかりやすい例で言うと、子どもが風邪をひいたので病院に連れて行くような場合が、ニーズをはっきりと自覚している状態です。

販売においては、顧客が欲しいものを店頭まで買いに来ているという状態です。あるいは自分で商品を見つけた顧客がやって来ていて、とにかく何でもよいから買いたいといった状態も同じです。

どんな業態でもこのような状態があり得ます。

自分から買いに来た顧客に対して、しっかり対応さえできれば売れるという状態であり、これが一番易しいということで、営業レベル０としています。

次のレベルが、これも**顧客のニーズははっきりしているのですが、それを満たしてくれる商品が世の中にあることを知らない、あるいはいくつかの候補がある中でどれが最適かわからない**という状態です。

これが**営業レベル１**です。このレベルでは、「自社の商品がまさにそれ（顧客のニーズを満たすもの）だ」ということを明確に伝えられれば売れるわけですから、営業レベル０の次に易しいことになります。

ただし、本当に自社の商品しか顧客のニーズを満たすものがないのであれば、売るのは簡単ですが、たいていはいくつかの候補があるものです。自社商品を紹介したら、「そういう商品が実は存在するんだ。だったら他にないか、もう少し調べてみよう」となり、やはり複数の候補が出てきて、相見積もりになるのが普通です。

そういう市場においては、営業レベル1と言っても、非常に重要なスキルになります。**競合商品がある中で、自社**（自社商品）**が最適だということを説明できなければ売れない**からです。

ただ、このような市場においては、営業活動自体があまり重宝されない傾向もあります。相見積もりで最低価格を出してきた業者に勝つことは、なかなか難しいからです。したがって、このような市場に対しては、強いフィールドセールスの部隊を組織しないのが普通です。

フィールドセールスが最も活躍するのが、次の**営業レベル2**です。営業レベル2が求められるのは、**顧客は困っているのですが、どうすれば解決できるのかよくわからない状態**です。

ニーズはあるはずなのですが、それがどういうニーズなのか顧客は自覚的ではありません。しかしニーズ自体はあるので、顧客に自覚してもらえれば、売れるチャンスは大きいということになります。

販売する側も、わざわざ人を配置してでも売りたいとなります。多くの市場がこのような状態ですので、営業レベル２のスキルが最も求められると考えています。

潜在ニーズはあるが、それに顧客が自覚的でないという状況をわかりやすく説明するために、「水」という商品で営業レベル０、営業レベル１、営業レベル２を比較して考えてみましょう。

砂漠で喉が渇いている人に水を売るというのが、営業レベル０です。

「もうそこでしか水を売っていない」というのであれば、売る側がどれだけ横柄でも、生き延びるためにはそこで買うしかありません。

ただ「１㎞先に行けば、他にも売っているところがある」と知っていれば、そちらまで我慢するかもしれません。

であれば、売るためには最低限のマナーは心得ていたほうがいい、というのが営業レベル０ですね。

次に、喉が渇いている人に、店頭で自社のミネラルウォーターを買ってもらうというのが営業レベル1です。

ミネラルウォーターと言っても、種類はたくさんあるわけです。その中で自社商品を買ってもらおうと思ったら、特徴をしっかりと、魅力的に説明できないといけません。「阿蘇山の天然水を原料にしています。そのためミネラルが他社商品より豊富なんです」といった具合に、です。

喉が渇いている人ですから、そのぐらいの説明で売れる可能性が高いです。このような場合であれば、営業レベル1のスキルがあれば十分売れることになります。

これが営業レベル2になると、喉は渇いていないが、水を飲むことで、実は何らかの困りごとが解決できるような人に売るという状態です。

こう聞くと、急に難易度が上がった感じがするのではないでしょうか。

実際、営業レベル0であれば、営業を張りつける必要はなく、自動販売機で売ればいいですし、営業レベル1であればやはり店頭に営業がいる必要はなく、広告宣伝などマーケティングの力で売ったほうが効率的です。

対して、営業レベル2であれば、これもマーケティングの力で売れるかもしれませんが、人に売ってもらうほうが効率がよいと思うのです。


では営業レベル2の場合は、どうやって売るのでしょうか。

まず行うべきは、顧客の目標確認です。


「喉が渇いていますか？」と聞いても、前述したように、営業レベル2のケースの人は喉は渇いていないのだから、それでは売れません。

そこで「健康に関する悩みはありませんか？」といった、別の観点について質問していくことになります。細かくヒアリングしていくと、「80歳まで生きたいのだけど、短命な家系で」とか「実は血糖値が少し高めなんですよ」といったことがわかってきたとします。

そうやって顧客の課題をつかんでから、「実は喉の渇きを覚えてから水を飲むのはあまりからだによくないんですよ」といった説明を始めます。

すると顧客は、「なるほど。ふだんからできるだけ水を飲むようにすることで健康が維持できるんだな。だったら今、喉は渇いていないけれど、水が欲しくなってきた」と、自分のニーズを自覚するわけです。

やるべきことは**顧客の目標と現状のギャップについて、一緒になって言語化していくということと、最終的には顧客自身の口から、自分の課題やニーズを言ってもらうこと**です。

これが営業レベル2に求められるスキルなのですね。

こう言うと簡単そうですが、実際にはかなり奥深いことです。というのは、顧客の目標と現状をヒアリングする中で、そのギャップが課題だということはわりと納得してもらいやすいのです。

ところが**課題がわかった時点で、その解決策が「水を飲むことだ」と結びつけるのがなかなか厄介**なのです。

例えば、「健康でいたいですか？」と聞けば、ほとんどの人が「そうですね」と言うでしょう。

そこから、こんな具合に深掘りしていきます。


「理想とする健康状態と今一番ギャップを感じるところはどこですか？」

「そうですね。疲れやすさがなくなれば、自分ではすごく健康になったと思えます」

「何とか解決したいですね。そもそも何が原因なんでしょうね」

「うーん。自分では野菜もちゃんと食べるようにしているし、運動も意識的にしているんですよね」

「他に思い当たるところはありませんか？」

「そう言えば寝つきが悪くて、夜更かししてしまいますね」


この段階で、顧客は「寝つきの悪さ」が疲れやすさの原因だと自分で認めた状態になっています。ただ、まだまだ水へのニーズには遠い状態です。

そこで科学的エビデンスに基づいて、寝つきが悪くなる原因の特定と共に、寝つきをよくするには水が重要だと説明していくのです。

「実は、寝つきをよくするには、就寝前に水を摂取するといいんですよ」

そう言って、寝る前に水を飲むことで寝つきがよくなることを説明します。それでようやく、喉が渇いていなくても水を飲む理由が出てくるということなのです。

これをいきなり喉が渇いていない人に、「寝る前に水を飲みましょうよ」とすすめても、見向きもされません。顧客自身に課題があることを自らの口で言ってもらったからこそ、水を飲むニーズに気づいて納得してくれるのです。

これが営業レベル2のスキルであり、先ほどもお伝えしたように、なかなか奥深いものなのです。

そうなると、**営業レベル3**とはどのようなものなのでしょうか。

これは「**潜在的なニーズさえない人に売るスキル**」です。水でいえば、喉が渇いていないだけでなく、別に健康を気にしていないような人に水を売るスキルということです。

念のためお伝えしておくと、非合法なやり方、例えば詐欺や脅迫まがいの方法で売るということではありません。営業レベル3ではあくまで**合法的な手段で、「顧客の目標を引き上げる」**ということをするのです。

水の例だと、今はそう思っていない人に、「長生きしたい」とか「健康でいたい」などと思ってもらうようにするということです。

「合法的に課題を発生させる」というやり方で、そのために目標を高めて、現状とのギャップを生じさせるわけです。**それに成功すれば、あとは営業レベル2のスキルで売ることができる**ようになります。

これが営業レベル3の目指す方向の1つなのですが、場合によっては、どんなにがんばっても顧客の目標が高くならないこともあります。そういったときの時間稼ぎにも、営業レベル3のスキルが使えます。

どういうことかと言うと、課題もニーズもないので商品がまったく顧客に響かない状態が、営業レベル3の求められる状況です。これはコンサルティング営業が必要とされる状況と似ており、「商品で売る」よりも「人で売る」のが1つの策になるということです。

そこで**営業レベル3のスキルによって、「この人と話をするのもいいな」「この人と定期的に会いたいな」という状況をまず作って、徐々に「もっと高い目標を一緒に目指すのもいいかもしれない」というふうに顧客の心境を変えていく**のです。

そして顧客の目標が高まった段階で提案すれば、営業レベル2で対応できるようになるわけです。

以上は営業レベルの説明をわかりやすくするために、水と健康という例を使ったことに留意してください。事業開発という観点で言えば、商品である水自体を改良するための（自社内における）フィードバックもスキルとして必要なはずですが、それは割愛しています。

実際の商談では、「健康でなくてもよいけれど、穏やかに暮らしたい」といったニーズが見つかることもあります。であれば、「リラックス効果のある成分を加えた飲料水を開発する」というのが、事業開発営業の本来の仕事に近いと言えます。

営業レベル3のスキルを端的にまとめると、合法的に困りごとを作ることとなります。これはコンサルティング営業の手法の1つであり、営業レベル3はコンサルティング営業を目指す方にも役に立つのです。

しかしコンサルティング営業でも事業開発営業でも、顧客の会社のミッション実現に貢献することが本筋だと考えます。

例えば顧客のミッションが「世界中の人が笑顔になる」というものだったとして、現状では日本国内でしか事業展開していなかったとします。

だとしたら、ミッションの対象である「世界」に目を向けてもらえば、自《おの》ずから目標が高くなります。

「ミッションを早く実現するためには、もっと上を目指さないといけないですよね、そのお手伝いができるかもしれません」というのが、コンサルティング営業でも、事業開発営業でも、本来やるべきことなのです。

ただ、それにも手順があります。

①方向性がミッションの実現であることの合意を取る
②ミッションを実現するならあなた（営業）と一緒にやりたいと思ってもらう
③ミッションの実現を早めたいと思ってもらう

このような順番になります。
①を外すと「何でそんなことをやらないといけないの？」、②を外すと「何で君とやらないといけないの？」、③を外すと「時期尚早だよ」ということになってしまいます。
この3ステップをどう実現するかをスキルに落とし込んだのが、営業レベル3なのです。

常にすべての営業レベルのスキルが必要なわけではない

あらゆる業態において、ここでご紹介した営業レベルのすべてが必要かと言うと、そんなことはありません。

例えばモノグサでは、販売実績や導入事例が生まれた領域では、営業レベル３をむしろ禁じ手にしています。

なぜなら営業レベル３のスキルを使いすぎるとコンサルティング営業寄りになり、顧客の問題解決に重心が移りすぎてしまうからです。

そうなると、**現在のプロダクトではできないことを伝えきれなくなり、すぐに改良すべきことに関する会話（営業と開発など）が難しくなります。**そうなってしまうと、事業開発営業としての働きができなくなってしまいます。

プロダクト市場においては、営業レベル３はあまり使ってはいけないスキルなのです。

モノグサの例で恐縮ですが、塾・学校の教育市場では「記憶は大事だ」と認知されるようになってきました。

ニーズが顕在化してきているので、まだ課題に自覚的でない顧客には営業レベル2で対応すればよいし、課題に自覚的な顧客に対しては営業レベル1と営業レベル2をきっちり使えば売れる状況になったということです。

教育市場に関しては、5年かけてモノグサはここまで来たのですね。

教育市場に進出した4年後、モノグサは「社会人の従業員教育」への進出を始めました。モノグサは企業研修や資格取得対策など、一般企業の従業員教育でも使われ始めています。

進出したばかりの領域ではまだまだニーズがありません。「売上を増やすためには記憶力が重要」ということを順序立てて説明するとピンとくる方もいて、この場合は営業レベル2で十分です。

しかしそれは稀《まれ》なケースです。まだまだ共感してもらえない顧客が多く、顧客の会社の売上が増えない理由を深掘りしていっても、Monoxerの提供価値である「記憶」にはなかなか結びつきません。

したがって従業員教育という新規の領域では、営業レベル3のスキルを使って、まずは「あなたと一緒に仕事がしたい」と思ってもらうところから始めることになります。

時間をかけて顧客の目標を高くしていって、その過程で「売上を増やすためには記憶が必要であること」を認識してもらうわけです。

ここまで、営業レベル3が不要な場合と必要な場合の話をしましたが、**他の営業レベルも同じです。すなわち、いつでも発動するわけではなく、「適切な発動タイミング」があります。**

例えば「砂漠で水を売る」のに営業レベル2以上は必要ありません。喉が渇いている人に「なぜ水が欲しいのですか？」とヒアリングしていたら、むしろ嫌がられます。

だから営業レベル0でよいし、場合によっては営業レベル1が必要ということになります。

時と場合によって、必要な営業レベルは変わってくるということです。

もう1つ覚えておいてほしいことは、**営業レベル3が必要なときは、営業レベル0、営業レベル1、営業レベル2のすべてが必要**ということです。

同様に営業レベル2が必要であれば、営業レベル0と営業レベル1も必要ですし、営業レベル1が必要なら営業レベル0も必要です。営業レベル3ができていても、営業レベル0ができなければうまくいきません。

したがって、いったん営業レベル2に合格したとしても、次の検定で営業レベル0や営業レベル1でできていない項目が見つかれば、営業レベルが下がることになります。

営業レベルが低いスキルだからといって、習得が簡単というわけではない

営業レベルのそれぞれの項目は、業界や業態などによって変わってきます。例えば営業レベル０は、「ニーズに自覚的で、すぐにでも買いたい」という人が顧客ですから、その業界で必要なマナーが身についていれば十分です。

例えば帝国ホテルの従業員と、お祭りでたこ焼きを売っている人とでは、両者で求められるマナーは違いますよね。

営業ですと、マナー研修を営業するシーンを思い浮かべた場合、「ニーズに自覚的で、すぐにでも買いたい」人であったとしても、その営業のマナーが悪ければ購入を見送られる可能性があります。「マナー研修を売る会社」に期待するマナーは、当然一般水準より高くなるはずです。

本書の営業レベルは、モノグサのものを解説しています。ＢtoＢのプロダクト営

業で、新市場開拓が中心のベンチャー企業ならば、ほぼそのまま使えると思います。**モノグサの営業スキル検定の内訳は、営業レベル0が9個、営業レベル1が8個、営業レベル2が17個、営業レベル3が8個**となっています。

営業レベル2がとても多い分布になっているのがわかると思います。それはモノグサが扱っている商品の市場があまり認知されていなくて、競合をリプレイスすればいいようなものではないからです。潜在的なニーズはあるはずですが、それが自覚されていないということですね。

だから同じベンチャー企業でも、すでに顧客に使われているツール（例：経費精算システム、勤怠管理システムなど）を置き換えるような営業をするのであれば、営業レベル1の項目数が増えることになるでしょう。**その会社にとって重要な営業レベルの項目数が増える**ことになるからです。

ここはとても大事なところです。**そうなると営業レベルの低いスキルだからといって、必ずしも習得が簡単ということではない**のです。

各社それぞれの事情に合わせて営業スキル検定の項目を整理していくと、最も重要な営業レベルの項目が多くなります。そしてその営業レベルに関しては、他の業界や他の市場の会社と比較すると、高度な水準が要求されることになるのです。

商品の力と必要な営業レベル

次に業界や市場だけでなく、商品の力でも必要な営業レベルが変わってくるという話をしたいと思います。

先ほどは「水」という一般的な商品を例に営業レベルを説明しましたが、今度は「移動」という商品を例に考えていきます。

「交通手段」と言ってもよいのですが、交通手段とすると、例えば列車だと、それに乗ること自体が好きとか楽しみという人も多いので、ここではあえて「移動」という言い方をします。

さて、移動の価値は、速度・価格・安全性の3つで定義できるのではないかと思います。

ここで「どこでもドア」という架空の移動手段について考えてみましょう。速度で言えばこれを超えるものはない、最強の移動手段ではないでしょうか。また映画を注意深く見ていると、どこでもドアはドラえもんがローンで買っているものらしいことがわかります（『映画ドラえもん のび太と空の理想郷』にそのワンシーンがあります）。

そうすると、価格は普通の自動車並みと想像できます。安くはないですが、庶民でも買える価格帯で、どこでもドアの性能を考えると格安です。

また、どこでもドアは私の知る限りトラブルを起こすことが非常に少なく、世の中に存在する他の移動手段に比べて事故のリスクが低いと言えるでしょう。つまり安全性の面でも最強なのです。

このように、「速い・安い・安全」と、どの面でも最強のどこでもドアという移動商品は、おそらく営業など不要な商品です。仮に営業するにしても、営業レベル0で十分です。

ただ、未来の世界では、複数の会社がどこでもドアを開発・販売していることも考えられます。だとしても営業レベル1があれば十分でしょう。それより上の営業レベルは必要ありません。

何が言いたいかと言うと、**すべての会社は、自社商品が営業レベル0で売れるようになることを目指すべき**だということなのです。

もっと言えば、営業レベル3でないと売れない商品を作り続けるのはナンセンスです。なぜなら課題やニーズのない市場に居座り続けてモノを売り続けるのは、誤解を恐れずに言えば、迷惑なことだからです。

よく言われるのが、「商品で差別化できない時代だから付加価値で差別化せよ。そのためにはコンサルティングによるソリューションを提供することが必要だ」ということです。

しかし本当にそうでしょうか。

確かに営業レベル3が必要な瞬間はあります。新しい商品がこの世に降り立った瞬間は、プロダクトがマーケットにフィットしていないので、営業レベル3がどうしても必要になります。

しかしプロダクト改良を続けてマーケットにフィットしていけば、営業レベル2で売れるようになっていくはずなのです。


では営業レベル2で売り続けることがよいかと言えば、それも違います。改良を重ねることで、営業レベル1で売れるようにすべきだし、究極的には営業レベル0で売れることを目指すべきだと言いたいのです。

言い換えると、まったくニーズのない状態から、潜在ニーズのある状態にし、潜在ニーズを顕在ニーズにしていくことが事業の方向性だということです。

モノグサで言えば、記憶というニーズがない状態から、記憶という潜在ニーズがあることにまず気づいてもらうようにします。

さらに記憶が事業に必要ということを、営業成果やコスト削減などの実利と結びつける形で認識していく中で常識化し、最後は営業を張りつけなくても、独りでに売れていくことを目指すということなのです。

そうなるためにはコンサルティング営業で売る、すなわち営業レベル3で売るということに満足していてはいけません。

まずは「営業レベル2で売れる状態を目指すこと」が大切だと私は言いたいのです。

では、なぜ営業レベル2まではなく、営業レベル3までのスキルを定義しているのでしょうか。

市場によっては営業レベル3のスキルが必要な局面があることも、1つの理由です。

それに加えて、営業レベル3を認識することで、営業レベル1や営業レベル2の解像度を上げることができるほか、相対している市場において推奨される営業行動と推奨されない営業行動を認識できるようになるからです。

また、営業レベル3だということは、営業レベル0、営業レベル1、営業レベル2もできるということを意味します。

先ほど、営業レベル3のスキルがあっても、営業レベル0で合格しない項目があれば、営業レベル0に落ちると説明したことを思い出してください。

今はどうしても営業レベル3のスキルで対応しないといけない市場だとしても、その対応ができる人は、営業レベル2以下のスキルを全部持っているということです。であれば、営業レベル2以下のスキルで、売るための情報も収集できることになります。

つまり、営業レベル3は、新しい商品がこの世に降り立った瞬間における、プロダクトがマーケットにフィットするまでの時間稼ぎ的利用が望ましいスキルだということであり、常に営業レベル2につなげる意識を持つべき存在であるということです。

「砂漠で砂を売れ」と言われたら、どうしても営業レベル3のスキルが必要になります。商品力がまったくないからですね。

一方、どこでもドアを営業レベル3では絶対に売ってはいけません。どこでもドアは、究極的には営業レベル0で売るべきものだからです。

ミッションを実現するために商品・サービスが存在するわけであり、商品力がす

べての起点にあるべきです。最終的には商品力で必要な営業レベルが決まってくるということです。

ということは、**商品力を上げることができれば、必要となる営業レベルを下げられる**ということでもあります。

砂漠で砂を売るにしても、その砂漠にある砂でなく、もっと特別な砂なら、例えば砂金なら営業レベル０、営業レベル１で売れるようになります。

ただ、普通のどこにでもある砂を「私だったら、コンサルティング営業で砂漠で砂だって売れるよ」などと自慢していてはいけないのです。

そうではなく、事業開発営業をして、商品力を高めて、最終的には営業レベル０、営業レベル１でも売れる商品にしていくことを目指してほしいですし、そのための営業スキル検定なのです。

営業スキル検定で必ず定義してほしい項目

このあと営業レベルの具体的な説明に入っていきますが、その前に営業スキル検定を実行可能にするためのスキル定義において、必須の項目を挙げておきます。

スキル名：スキルを端的に表現したもの。

（例）商談相手の母語でコミュニケーションができる。

スキル詳細：スキルについて誤解のないレベルで詳しく記述したもの。

（例）商談相手の使用する言語について、問題なく「聞く」「話す」ことができる。

評価基準：合否判定をするための明確な基準。判定は○（合格）、△（不合格ではないが努力が必要）、×（不合格）の3段階を推奨する。

（例）商談相手との商談中に先方の話をスムーズに聞き取ることができるか（特異な

固有名詞は除く)。語彙《ごい》の問題などで話の途中で会話が途切れてしまうことがないか。

トレーニング方法：合否判定で△や×がついたときに取り組むべきこと。

(例) 提案資料の音読をする。提案資料の知らない言葉を暗記する。

スキル名、スキル詳細、評価基準、トレーニング方法を明確に言語化しておけば、スキルのPDCAを回すことが容易になります。

スキル名とスキル詳細を分けている理由は、スキル名だけではわからないという人もいるからです。

ならば「スキル詳細だけでもよいのではないか」という意見もあるかもしれませんが、社内でスキルについて話し合うときや、自分で意識して運用するときに端的な名称があると便利なので、２つに分けています。

これら４つの項目の具体的な内容は、それぞれのスキルの説明内で明確にわかるように書いていています。貴社で営業レベルを定義する際にも同様に、明確に分離して言語化してください。

営業レベル0 ニーズに自覚的で購買行動を開始している顧客との折衝

では、営業レベル0から順に説明していきます。

営業レベル0は、「ニーズに自覚的で購買行動を開始している顧客との折衝」ができるレベルです。

営業レベル0の作成にあたっては、実際にあった過去の営業活動を振り返りながら、購買行動を開始している顧客との折衝において必須だったと感じるスキルを集めていきます。

これは他の営業レベルでもまったく同じで、貴社で営業スキル検定を作成する際にも、営業レベルに合わせてスキルを集めるということをぜひやっていただきたいと思います。

BtoB営業であれば、明確なホットリードであり、購入を検討中あるいは買いたいという問い合わせをもらって、それに対応するスキルが営業レベル0です。

だとすると、そもそも「これは営業なのか？」という疑問も湧いてきます。販売員が店頭で接客するのと同じです。つまり「営業力」と呼ぶには少し基礎的すぎるので、営業レベル0と呼んでいるということなのです。

「営業力」と言えるのは、本来は営業レベル1からだと考えてください。

とはいえ、営業レベル0ができていないと、それ以上の営業レベルに分類されるスキルを習得していたとしても営業はできないということもすでに述べました。

みなさんも、商品説明は完璧だが態度の悪い人から、商品を購入したいとは思わないでしょう。

ですので、営業レベル0に並んでいる項目は、営業としては決しておろそかにはできないものです。

営業レベル

0の1

スキル名

商談相手の母語でコミュニケーションができる

営業レベル0の1は、「商談相手の母語でコミュニケーションができる」です。

「母国語」としないのは、例えば米国で最も使用される言語は英語ですが、スペイン語や中国語でしか話せない人もいるはずであり、国によって定義されるものではないと考えるからです。

細かい区別ですが、商談相手が最も自由に使える言語で会話をしましょうということですね。

日本国内で日本人相手にしか営業しないのであれば、日本語がしっかり運用できればよいのです。しかし海外にサービスを展開するのであれば、やはり海外の商談相手が話している言語を話せることが最重要となるので、第一項目として挙げています。

逆に外国人であっても、商談相手が日本人ならやはり日本語がしっかり聞けて、話せないと営業としては採用できません。営業力がかなり高くても、カタコトでは商談になりませんので、最初の項目に設定しています。

スキル詳細は、「商談相手の使用する言語について、問題なく『聞く』『話す』ことができる」です。

あくまでモノグサの営業では、聞くことと話すことを重視しており、書くことや読むことはそれほど重視していないということです。

もし貴社が筆談やメールでのやり取りを重視していたり、手紙を手書きすることを大切にしていたりするのであれば、それを重視した営業スキル検定を整備していただいてもかまいません。

評価基準は、「商談相手との商談中に先方の話をスムーズに聞き取ることができるか（特異な固有名詞は除く）」としています。相手先の地元にしかないようなものであったり、ほとんどの人が知らないであろう専門用語などであれば、聞き取れないことがあってもしかたないという意味です。

もう1つ、「語彙の問題などで話の途中で会話が途切れてしまうことがないか」というのも評価基準として挙げています。

トレーニング方法は、「提案資料の音読をする」「提案資料の知らない言葉を暗記する」としています。このようなトレーニング方法を設定しているのは、該当の業務にアサインされている時点で、顧客の母語を完全に未習得ということはないと想定しており、基礎的なトレーニングは終わっていると考えているからです。

そのうえで実施してほしいことが、提案資料の音読や知らない言葉の暗記なので、それをトレーニング方法としています。

営業レベル	スキル名
0の2	**目を見て話すことができる**

営業レベル0の2は、「目を見て話すことができる」です。

スキル詳細は、「不必要に目をそらすことなく、商談相手の目を見て話すことができる」としています。

評価基準は、「メモや提案資料に目を移しながらも、基本的には先方の目を見て話せているか」としています。

ここは1つのポイントとなるのですが、メモや提案資料に目を移すということはあってもよいのです。

実はモノグサでは、「メモや提案資料に目を移す」という動作についても、トークスクリプトの中にあらかじめ組み込まれています。当然そのときは目をそらすことになります。

また評価基準に「基本的には」とあるのは、意図的に目をそらすほうがよい場面もあるからです。ただ原則としては、目を見ながら話をすることを重視しているということです。

トレーニング方法は、「ロープレ時に相手の目を見て話すよう意識する」としています。相手の目を見て話すことができない人は、そもそも人の目を見ること自体が苦手な場合が多いのです。

訓練によってある程度見られるようになっても、目が泳いだり、無意識に横を向いたりしがちです。したがって、まずはロープレで相手の目を見続けるということをやってもらうのです。

これはかなりいい訓練で、トレーニングを続けていれば意図したときだけ、そらすことがだんだんできるようになります。

営業レベル
0の3
スキル名
商談相手が不快にならない適切な言葉遣いができる

営業レベル0の3は、「商談相手が不快にならない適切な言葉遣いができる」です。

スキル詳細は、「その言葉自体が商談相手を不快にしてしまう言葉を使用せず、営業トークを話せる」としています。

大前提として、モノグサではトークスクリプトをほぼ丸暗記してから商談に臨むので、トークスクリプト自体に問題がなければクリアできるはずなのですが、どうしても個人的な口癖というものがあります。

しっかり意識していないと、つい「俺」などと言ってしまうのです。

また「その言葉自体」と言っているのは、文脈や言い方で不快にしてしまうケースはここでは含んでいないということです。言葉単独で不快かどうかをチェックしています。

評価基準は、「その言葉自体が商談相手を不快にする可能性のある言葉を商談の中で使用していないか（『マジで』『ぶっちゃけ』など）」としています。わざわざ「マジで」「ぶっちゃけ」と書いているのは、思っている以上にこれらの言葉が口癖になっている人が多いということです。

なお不快さにも業界特性があります。例えばモノグサでは「マジで」は禁句ですが、業界によってはそのような言葉を使うほうがよいということもあるかもしれません。

ですから、自分たちの業界に合わせて、禁句をしっかり決める必要があります。その際に大事なことは、ふだんどんな話し方をしているか録音することです。録音をし、文字に起こして、それを見ながら不快な言葉遣いがないかをチェックします。

トレーニング方法は、「自分のロープレ音声を録音し、他の営業に不快な言葉遣いがないか確認してもらう」としています。トレーニングにおいても録音して、確認することを重視しているということです。

営業レベル

0の4

スキル名

音声のみの遠隔コミュニケーションができる

営業レベル0の4は、「音声のみの遠隔コミュニケーションができる」です。平たく言えば、電話でアポ取りができるかどうかということです。

スキル詳細は、「アポ取りなどの電話でのコミュニケーションを行うことができる」としております。

これはモノグサの場合では、初回訪問がうまくいった場合、それ以降対面で営業活動を行うことが一般的なので、ほぼアポ取りに限定して考えています。

スキル名だけ見ると、本来営業レベル1に入れるべきものかもしれませんが、ここでは営業レベル0としています。商談でもオンラインを多用するのであれば、営業レベル1にするのがよいかと思います。

評価基準は、「商談相手を不快にしない電話でのやり取りができているか（言葉遣い・時間の確認・要件の明確な伝達など）」です。それができるためにも、アポ取りのトークスクリプトは必ず作っておくべきだと考えます。

したがって**トレーニング方法**も「アポ取りトークスクリプトの暗記をする」としています。アポ取りの目標件数を決めているのにそれが達成されていないとすれば、まずはアポ取りのトークがスクリプト化されているかを見直すべきです。スクリプト化されていなければすぐトークスクリプトを作成し、丸暗記しましょう。

それでもアポ取り件数が伸びなければ、トークスクリプト自体を見直すことになります。

営業レベル

0の5

スキル名

商談相手を不快にしないよう身なりを整えられる

営業レベル0の5は、「商談相手を不快にしないよう身なりを整えられる」です。

ここまで話し方に関することを優先的に述べてきましたが、見た目も非常に重要です。ちなみに、私は仕事の場では基本的にスーツを着るようにしています。なぜかと言えば、営業がスーツを着ていて怒られることはまずないからです。

スキル詳細は、「髪型・服装などで先方が不快にならないよう身なりを整えられる」です。

評価基準は、「髪型が不快でないか（長さ・色など評価者の主観で判断してOK）、服装が不快でないか（色・デザインなど評価者の主観で判断してOK）」です。

これは職種によって違いがあるでしょう。モノグサでも、エンジニアと営業では細かい基準が違います。また業界によるコードもあると思います。中には、あまりに堅すぎる服装や身なりがかえって不快に思われてしまう業界もあるでしょう。

自社や職種の領域で求められる基準を設けてもらって、その基準で不快でなければよいのです。

意外に服装や身なりにこだわらない営業組織があります。さすがに営業がTシャツというのはいかがなものかと私などは思います。

そういう組織はベンチャー企業に多いように感じますが、ニーズが潜在的で丁寧なヒアリングが必要であったり、顧客の目標を引き上げるような深い提案を必要とする組織であっても、服装や身なりを軽視しているケースがあります。

しかし営業レベル2、営業レベル3が必要な企業でも、営業レベル1や営業レベル0ができていない人に足を引っ張られることになるため、改めるべきことだと思います。

トレーニング方法は、「指摘された髪型・髪色の変更、服を購入する」としています。

これは指摘し合うということが重要で、モノグサ社内では、実際には服装などは営業現場に任せているのですが、その分営業同士で服装などについてはよく会話しています。

例えば「客先に行ったときに、今日は担当者だけと思っていたら理事長クラスの人が出てきて、その方がスーツを着ていたとしたら、やはりスーツを着ておいてよかったと思うよね」といったことを話し合っています。

そういう会話の中で決めていけばよいことですが、身なりについては、個人的にはどんな市場であってもこだわるべきポイントだと考えます。

営業レベル
0の6
スキル名
名刺交換ができる

営業レベル0の6は、「名刺交換ができる」です。コロナ禍以降、商談をオンラインで進めることも増えていますので、「次回以降の連絡手段をしっかりと交換できる」に置き換えてもよいかもしれません。

特に顧客からの問い合わせが中心という会社では、連絡手段のやり取りが確立されているところも多いと思いますので、自社のやり方に応じて変更してもらってかまいません。

スキル詳細は、「商談相手と初対面した際に名刺を使い、先方と挨拶ができる」としています。モノグサでは、名刺交換をいまだに重要視していますのでこのように定義していますが、これも貴社の事情に合わせて変更してください。

評価基準は、「マナー本に載っているレベルで名刺交換およびその後の名刺の扱いができるか」です。詳しくはマナー本を参照してください。

したがって**トレーニング方法**も、「マナー本を読む。他の営業にチェックをしてもらう」ということにしています。

補足しますと、服装や身だしなみと同様で、貴社が名刺交換にどの程度こだわるか次第でスキル詳細も評価基準も変わってきます。モノグサの場合は、「マナー本を読む」という程度で、細かい規定はありません。

私自身は前職の習慣で、名刺を渡すときは相手の名刺より下にするということをやっていますが、社員にはそこまで求めていません。なぜかと言うと、モノグサの市場ではそこまでの作法を求めてくる顧客がいないからです。しかし、「顧客の名刺より上に出すなど御法度《ごはっと》だ」という業界もあろうかと思います。

したがって業界の慣習に合わせて、スキル詳細を変えてもらえればよいですし、トレーニング方法についても「名刺交換のトレーニングプログラムを組む」などにすればよいかと思います。

営業レベル

0の7

スキル名

商談相手が不快にならない適切な行動ができる

営業レベル0の7は、「商談相手が不快にならない適切な行動ができる」です。ここまで言葉遣いや見た目といった項目を説明しましたが、それに加えて、何らかの行動で商談相手を不快にするようなことがないように、ということで挙げています。

スキル詳細は、「その行動自体が商談相手を不快にしてしまう行動をせずに商談を進められる」としています。

これは言葉遣いと同様、文脈によっては失礼にあたるということは除外しており、その行動単独でアウトになることを対象にしています。

したがって**評価基準**は、「商談の際中に、その行動自体が商談相手を不快にする可能性のある行動をしていないか（肘をつく、足を組む、相手の大切にしていることを否定するなど）」と、具体例を示したものになっています。この具体例も、その業界や市場では許されない行動を含めてもらえればよいでしょう。

例えばモノグサでは、「肘をつく」「足を組む」ことをNGとしています。そのためメモを取るときは膝の上で取ることを実践するように言っています。そうすると、肘をつくことも、足を組むこともしにくくなるからですね。

いずれにしても顧客が大切にしている慣習を否定することはしてはいけないということで、その可能性のあることはできるだけ排除すべきなのです。ですから、細かいチェックが必要な項目です。

トレーニング方法は、「自分のロープレを録画して癖を知る。不快な行動を他の営業にチェックしてもらう」としています。

「癖を知る」ことが重要で、例えばペン回しのようなことも不快に思う人は多いのですが、それが癖になっている人も多いのです。

しかし癖ですから、本人は気づかずにやってしまっていることがほとんどです。よって、録画して、自分だけでなく第三者にもチェックしてもらうことが大切になってきます。

この項目は、営業をやっていればさすがに×（不合格）がつくことは少ないのですが、△（不合格ではないが努力が必要）が多くなるケースは多いと思われます。したがって、ロープレを録画する習慣を組織で持つことはとても重要です。

営業レベル

0の8

スキル名

自然な笑顔を作ることができる

営業レベル0の8は、「自然な笑顔を作ることができる」です。

スキル詳細は、「笑顔になるべきタイミングで自然な笑顔を作ることができる」としています。

評価基準は、スキル詳細のほぼ言い換えですが、「商談中の笑顔になるべきタイミングで自然な笑顔を作れているかどうか」です。

これはなかなか難しいことで、常にニコニコしているのも違和感があるのですね。「商談で笑顔になるべきタイミング」というものが確実にありまして、1つは、相手が笑顔のときというのがあります。相手が笑いかけているときは、こちらも笑顔で返すということですね。

ごく稀に笑いながら怒っているということもあり、それに対して笑いかけるのは当然NGなのですが、めったにないことなのでそこまでは記載していません。

すでに述べたように、私たちはアイスブレイクを重視していませんし、いつもニコニコしているのも変だと思っています。

どちらかと言うと、自分の身体をきちっとコントロールできることを重視していて、意図したタイミングで自然に笑顔になれるかどうかを評価しているのです。

トレーニング方法は、「鏡の前でにっこりする。人にチェックしてもらい自然かどうかアドバイスをもらう」としています。相手の目を見て話すのと同じで、実際にやってみることが重要で、笑顔が苦手ならまずは鏡の前で練習しましょう、ということです。

「笑顔が自然かどうか」は他人に評価してもらうしかないので、人に見てもらいましょうと言っています。

笑うタイミングだけでなく、笑顔の自然さも大事です。

営業レベル
0の9
スキル名
テキストコミュニケーションができる

営業レベル0の最後は、「テキストコミュニケーションができる」です。

スキル詳細は、「お礼の連絡や資料送付などをメールを使って行うことができる」です。

評価基準は、「マナー本に載っているレベルでテキストコミュニケーションができるか」としています。

これは、モノグサではアポ取りは電話でしていて、アポが取れた際や商談後のお礼の連絡はメールですることが多いからです。

また電話での連絡を好む顧客が多く、メールの往復で商談が進むことはあまりないからでもあります。

「資料を送ってほしい」という連絡が電話であって、それに対してメールで資料送付をする形が多いので、このような評価基準となっているのですね。

これも業界や市場によっては、もっとテキストコミュニケーションが重要になるケースも多いでしょうから、その場合にはスキル詳細を詳しくし、評価基準も厳しくするのがよいでしょう。

このスキルが他の営業レベル０のスキルと違うところは、現場でのタイムリーな瞬発力を必要としないことです。メールを出す前や資料を送る前に、誰かにチェックしてもらうことが可能です。

したがってメールを書いたり資料を作ったりするときには、出す前に無礼な点はないかなどを他の営業にチェックしてもらえばよいのです。

トレーニング方法は、「マナー本を読む。他の営業にチェックをしてもらう」としています。

「マナーがある状態」は千差万別

以上がモノグサにおける営業レベル0の定義です。

繰り返しになりますが、これらはあくまで、モノグサが大事にしているスキルとモノグサの市場では合格と言える基準の定義です。

定義すべきスキルの項目数がもっと多いという業界もあるでしょうし、それぞれのスキルの評価基準がもっと高いということもあるでしょう。

ここで**お伝えしたいことは、「マナーがある状態」は千差万別**ということです。

前職でインドネシアでの営業組織の立ち上げに際して、研修を実施したことがありました。そのときに、「商談相手を不快にしないよう身なりを整えられる」に関して挿絵が欲しいと要請されたのでした。

そこで現地のマネージャーにお願いして、元絵を描いてもらいました。

そのときに、いわゆる「アロハシャツ」風の格好に○がついていたのです。スーツ姿も○ではあるが、同列でそのアロハシャツ姿を肯定的に捉えており、さすがに問題がないのかと感じつつも「確かに先輩のハワイでの結婚式に参加した際は、アロハシャツ推奨だったな」などと思うに至りました。

そのときの印象が今でも鮮明に頭の中に残っています。

「マナーがある状態」は、本当に環境によって千差万別です。自社の業界慣習や市場（国や地域別ということも含めて）をしっかり見定めたうえで、それにふさわしい定義をしてください。

営業レベル1 ニーズに自覚的だが購買行動を開始していない顧客との折衝

続いて、営業レベル1です。これは「ニーズに自覚的だが購買行動を開始していない顧客との折衝」に必要なレベルです。

自社の困りごとはわかっていて、それを解決できたらよいなと思っているのですが、様々な理由でまだ購買行動を開始していない顧客がいます。

ニーズがまだ相対的に強くないという場合もあります。例えばご飯を食べないと私たちは死んでしまいますので、ご飯へのニーズは自覚しているけれど、今のところ買いに行かなくても死なないといった状況が考えられます。

このように、ニーズがまだ弱いという場合もあるのですが、ここで主に想定しているのは、ニーズはある程度高くて、できれば今すぐ解決したいが、世の中にそんな便利なものがあることを顧客が知らないというケースです。

こういう状態を、**「売る側と買う側における情報の非対称性」**と私は呼んでいます。

この場合は、売る側のほうは商品の情報を持っているが、買う側は持っていない状態です。したがって顧客に情報提供して、しっかりと情報の非対称性を埋めていく必要が出てきます。

また、営業レベル１では自社商品や所属企業について明かすことも重要です。

営業レベル１は８項目あります。以下、営業レベル０と同じく、スキル名、スキル詳細、評価基準、トレーニング方法を中心に説明していきます。

営業レベル	スキル名
1の1	会話の初めに好印象を与えられる

営業レベル１の１は、「会話の初めに好印象を与えられる」です。

相手が知らない情報を提供するうえで、最も重要なのは、「この人から話を聞こう」とまず思ってもらうということです。

いきなり信頼を獲得するといった大それたことではなく、第一印象をよくして、好印象を持ってもらうことを目指しています。

スキル詳細は、「商談相手のそれまでの言動をもとに会話の初めに好印象を与えることができる（目的を潔く《いさぎよ》簡潔に伝える、ラポール、褒めるなど）」としています。

評価基準は、「商談相手に合わせて話し始めの工夫をして、リラックスした状態で商談に入れているか」です。

モノグサでは、何度も言うようにアイスブレイクを重視していません。しかし、これもすでにお伝えしたように、営業スタイルに絶対はありませんから、貴社ではアイスブレイクが重要ということであれば、もちろんやっていただいてかまわないのです。

アイスブレイクをしようとしまいと、大切なことは「相手に合わせること」だと思います。例えば商談相手がとても忙しそうであれば、何よりも重要なのは目的を潔く、手短に伝えることです。

この「潔く」というところが大切で、「私どもとしては、この商品を買ってほしいと思っています」という目的を最初に正直に伝えたほうがよい場合があるということです。

このように目的を簡潔に伝えることも1つですが、天候の話などを最初にするような方なら、アイスブレイクというほどでもない軽い雑談から入ってラポールを築くほうがよいのです。あるいはオフィスがきれいなことを強調する顧客であれば、営業としてはそこは褒めたほうがよいでしょう。

何よりも大事なのは、先方が入室して椅子に座った瞬間から意識を集中して、どのパターンで話を始めるかを見極めることです。つまり、商談相手に合わせて話し方の工夫をするということです。

今までそのようなことを意識していなかった方は、ぜひこれからは考えるようにしてほしいのです。

そうすることで、「この人とはわかり合えそうだな」という感情を持ってもらえます。くれぐれもどう対応するかを商談の前に決めてしまわないで、商談に入ってから、商談相手の様子を見てから、判断するようにしてください。

トレーニング方法は、「他の営業を自然に褒めるなどの練習する」としています。

私の中では、商談の最初に行うことは、目的を端的に伝えるか、雑談をするか、相

手を褒めるかの3つぐらいしかないと考えておりまして、その中で最も難しいのが相手を嫌みなく褒めることだと考えています。

したがってそこをトレーニングするのが効果的です。

「嫌みなく褒めることができているかどうか」は、自分で判断できることではありません。他人に評価してもらうことでしか判別できないので、他の営業を褒めてフィードバックをもらうことをすすめています。

貴社の業界では褒めることよりラポールを築くほうが難しいと考えるのであれば、そちらを重点的にトレーニングすればよいと思います。

営業レベル

1の2

スキル名

商品について正確な情報を伝えられる

営業レベル1の2は、「商品について正確な情報を伝えられる」です。知識とKPIとスキルのうち、営業スキル検定ではスキルを定義すると申しましたが、知識やKPIと重なる部分も多いということも説明しました。

この項目（スキル）は、まさに知識と重なるところが多いものとなっています。

スキル詳細は、「記憶している商品知識を間違えることなく商談相手に伝えられる」です。

評価基準は、「知識を齟齬《そご》なく伝えられているか（明らかに間違った商品情報を伝えていないか）」としています。

トレーニング方法は、「知識編の情報を暗記する。ロープレをする」となっています。**知識編とは、記憶するだけで利用可能な業界情報などをまとめた情報群**を想定しています。

前述の通りですが、知識も営業活動には必須となりますので、社内で情報整備されていないようであれば、急ぎの整備をお願いいたします。

いずれにしても商品知識をしっかりと記憶すればよいということです。逆に完璧に覚えていないと、商談相手から突っ込まれると間違った答えを返してしまうこともありますし、よくよく聞くと、実は自社商品についてよくわかっていなかったということもあります。

どんな質問にもよどみなく返答できるレベルが必要とされる項目です。

営業レベル
1の3
スキル名
商品の特長を簡潔に伝えられる

営業レベル1の3は、「商品の特長を簡潔に伝えられる」です。

スキル詳細は、「商談の一部でしっかりと商品特長を簡潔に（一言で）説明できる」としています。

評価基準は、「商品の話し始めか話し終わりに簡潔な商品特長のまとめを入れられているかどうか」です。

トレーニング方法は、「知識編の情報を暗記する。商品を知らない人に、一言で言ってわかるか他の営業にチェックしてもらう」としています。

これは意外に難しいことです。実現のためには、営業個人の言語化能力に期待するのではなく、組織で完璧なトークスクリプトを用意することが必要です。

次章の「営業スキル検定の作り方」の中で具体的に触れるつもりですが、特に営業レベル1を評価するために作るトークスクリプトは、一言一句たがわずに商談で使えるものを用意してほしいのです。

その際には、**商品の特長をトークスクリプトの話し始め、または話し終わりに配置する**ことを意識してください。この箇所では、「一言で言うと、その商談で何の話をしていたのか」を確認することが重要であり、そのためには商品の特長を入れる必要があるからです。

多くの営業組織では、各営業個人の自己流のアレンジを大切にしており、実際それが必要とされることもあるのですが、この項目においては自己流は許さないよう徹底するほうがよいと考えます。

「**簡潔に言えば、わが社の商品はこういうものです**」という**説明に、営業個人のオリジナリティーなどまったく不要**です。伝わらないトークだとしたら、組織的にトークスクリプトをアップデートしなければなりません。

つまりこの項目は、営業個人のスキルをチェックするものではありますが、同時に、組織としてしっかりしたトークスクリプトを用意できているかが浮き彫りになるものなのです。

営業レベル

1の4

スキル名

話す速度を商談相手に合わせて変更できる

営業レベル1の4は、「話す速度を商談相手に合わせて変更できる」です。これもかなり重要だと考えています。

スキル詳細は、「商談相手の話す速度より若干遅いスピードで話すことができる」としています。

評価基準もほぼ同じで、「商談相手より若干遅く話せているか」となっています。**商談相手より「若干遅い」ということが重要**です。「アナウンサーが話す速度は1分間に300文字」といったような絶対的な基準があるわけではなく、あくまで商談相手に合わせて、しかも少し遅く話すということです。

商談相手が早口であれば、それより少し遅い早口で、ゆっくり話をする方なら、こちらはさらに少しだけゆっくりと話しましょう。

早いほう、遅いほう、どちらにも対応できないといけません。

ただし、これはエビデンスとなる統計があるわけではありません。

私自身が商談を受ける側になったときに、自分より早口に話されると、思考が追いつかないだけでなく、やや威圧感を感じるなど不快感を覚えます。また私が営業をしていても、顧客より若干遅く話すほうが成約率が高かったので、このように設定しています。

極端な例ですが、早口言葉トレーニングプログラムを売っている会社であれば、商談相手よりゆっくり話すのは説得力がないかもしれません。威勢のいい人が集まっているような客先でもそうでしょう。

現状の会話スピードで貴社の営業勝率が高いペースであるのなら、もちろんそれを基準にしてください。ＣＶＲが必ず高くなる話し方というのは基本的にはないと考えていますので、この項目が必要かどうかもあわせて考えてもらえればと思います。

トレーニング方法は、「ロープレを録音し、話す速さを確認する。問題点を意識してロープレを行う」です。ここでも録音が大切です。

あとは社内のメンバーが話した顧客役の録音音声を用意して、それを1.2倍とか0.9倍などに変速して、それに合わせて若干遅めに話すというトレーニング方法もよいでしょう。

商談相手の話す速度に合わせて、自分の話す速度を自由自在にコントロールすることを常に意識してください。

営業レベル

1の5

スキル名

声の大きさや明るさを商談相手に合わせて変更できる

営業レベル1の5は、「声の大きさや明るさを商談相手に合わせて変更できる」です。

スキル詳細は、「商談相手の話す声の大きさより若干大きく、若干明るく話すことができる」としています。

か」です。

評価基準は同様で、「商談相手より若干大きく、若干明るく話すことができているか」です。

営業レベル１の４が「話すスピード」なのに対して、こちらは「話すトーン」です。商談相手よりも若干大きな声で、明るく話すことができることをモノグサでは心がけているということです。

絶対的な基準ではなく、商談相手に合わせた相対的な基準なのは営業レベル１の４と同じです。

例えば葬儀社であれば、逆に相手よりも暗く、物静かに話すほうがよいと思われますので、そのあたりは業界に合わせて考えてください。

重要なのは、話すスピードも、トーンも、組織として十分に意識しているかということです。また状況に応じて声の大きさ、明るさを自由自在に変えられることも大切で、例えばお叱りを受けているときであれば、やはり暗く、小さな声で話すことも必要かと思います。

トレーニング方法は、「ロープレを録音し、声の大きさ・明るさを確認する。問題点を意識して「ロープレを行う」としています。

大事なのは、まず評価基準に合わせてトレーニングすることであり、そのためにもまず評価基準を自社でしっかりと決めることです。それでスキルを伸ばしたうえで、状況に応じて臨機応変に対応するトレーニングもするのがよいと思っています。

声の大きい・小さいに関しては、録音するマイクの設置場所で多少変化してしまうので、そのあたりも意識して録音しましょう。

営業レベル1の4、営業レベル1の5ともに言えることですし、それ以外の項目でも同じですが、まずは評価する体制を作ることが肝心です。

つまり、評価基準を定めて、ロープレなどを実行し、録音など確認の機会を設けることが大切です。

そのうえで、評価基準の正しさも組織内で磨き込むべきではありますが、それ以上に、**評価基準に合わせて自由自在にコントロールできることこそがスキル**なのだということを、営業スキル検定においては常に意識してください。

仮に「明日から、常に顧客の1.2倍の速度で話すようにしてください」と言われた場合に、問題なく実行できることがスキルなのです。

営業レベル
1の6
スキル名
無駄な言葉を入れずに話を展開できる

営業レベル1の6は、「無駄な言葉を入れずに話を展開できる」です。私が営業レベル1の中でどうしても1項目だけに絞ってほしいと言われたら、これを残すことにしているくらい、きわめて大事だと考えているスキルです。

ならば、この項目を営業レベル1の中で1番目にしないのはなぜかと言えば、モノグサの市場においてはこの順番で重要だからです。

「**無駄な言葉を入れずに話を展開できる」ことは、あらゆる業界の営業において、必須のスキルだと思っています。**営業レベル1の6を鍛えることで飛躍的に営業力が伸びると私は考えており、どの組織でも丁寧に扱うべきスキルだと思っているのです。

スキル詳細は、「『え〜』などのつなぎ言葉をはじめ、余計な表現を使わず商談を行うことができる」としています。モノグサでは、この他に「あの〜」「え〜と」などもも禁句としています。これらをモノグサでは「ひげ言葉」と呼んでいます。

評価基準は、「『え〜』など、意味のないつなぎ言葉を『5分につき1回以内の数』で商談を終えられるか」としています。

実は、ひげ言葉があるとコンバージョンが下がるというエビデンスはありません。ではなぜこんな基準を設けているかと言うと、**営業レベル1の根幹は、話し方を自由自在にコントロールするところにある**からなのです。

そのトレーニングとして非常に優れているのが、「ひげ言葉をなくす」ということなのですね。

「何を禁句にするか」は営業組織によって変わってきますので、お任せしますが、「え〜」あたりをまず禁止して、その他の使ってはいけない「ひげ言葉」を会社独自で指定していくのがよいでしょう。

トレーニング方法は、「ロープレを録音し、文字起こしし、自分の無駄な表現や癖を分析する。癖を意識してロープレを行う」としています。

一方で、なぜ完全にゼロを目指さないのかと言うと、**例えば「あの〜」などに関しては、間をつなぐために意図的に使うシーンもある**からです。

私たちの商談では、25分〜30分を1パートにすることが多いので、その中でトータルで5回以内ならＯＫという形にしています。

このトレーニングを実践すると、大変おもしろい現象が発生します。最初はどうしても「あの〜」「え〜と」と言ってしまうのですが、だんだんそれを自覚するようになります。

そうなると、ひげ言葉をグッと飲み込んで、「このあと自分は何を言おうとしていたか」を、頭の中で反芻《はんすう》するようになります。不用意に話をするのが怖くなり、少しゆっくりめに話をするようになるのですね。

その後、次第にひげ言葉の代用となるワードを使うという「副次的効果」が見られるようになります。

ひげ言葉は、元々話すことが浮かばないときにつなぎに使う言葉です。それを禁止すると、新たなつなぎの言葉を使いたくなるのです。モノグサでは、「ある種」とか「あらためて」という言葉を多用するようになる人が多いようです。

録音すると、どんな言葉を多用しているかわかりますから、それらもNGワードに加えていきます。

その言葉を使うこと自体が絶対的な悪ということではなく、自分が意図した通りに話せることが大事なのです。それを納得してもらったうえで、トレーニングを強化していくことで、話すスキルが格段に向上していきます。

アナウンサーであれば、ひげ言葉は当然使わないものですが、そのような職種では台本があることが多いです。言葉のキャッチボールというよりプレゼンに近いコミュニケーションであり、プレゼンであれば、誰でも練習次第でひげ言葉をほぼなくすことが可能です。

しかし商談という人と人との会話の中で、ひげ言葉を完全に抜くことはかなり難しいです。

まずは、商談でひげ言葉をどれだけ使っているかを可視化することが大切です。「ひげ言葉禁止令」を出し、録音したうえでチェックし、癖を直していくという「筋トレ」をしてもらうのがよいでしょう。

営業レベル

1の7

スキル名

商談相手からの商品に関する質問に正しく回答できる

営業レベル1の7は、「商談相手からの商品に関する質問に正しく回答できる」です。

スキル詳細は、「商談相手からの質問に対して、商品知識を間違えることなく商談相手に伝えられる」となっています。

おそらく、どの組織でも想定Q＆Aを用意しているかと思います。それに基づいて、商談相手からの商品に関する質問に正しく的確に答えられるかどうかというスキルです。

評価基準は、「商談相手を質問する気にさせたうえで、商談相手からの商品に関する質問に的確に答えることができるか（正しく・簡潔に）」としています。想定Q＆Aに基づいて、そのまま答えることができたら○をつけてかまいません。

トレーニング方法は、「知識編の情報を暗記する。他の営業に質問してもらい、一言で答えられるか確認する」というシンプルなものにしています。

想定Q&Aを用意していない組織は少ないと思いますが、なければ作成し、それを拡充する形で商品の「知識編」を作成し、それを暗記することがトレーニングになります。

なお営業レベル1の7に関しては、次の営業レベル1の8とのあわせ技と考えています。

営業レベル
1の8
スキル名
答えられない質問を宿題化して持ち帰ることができる

営業レベル1の最後は、「答えられない質問を宿題化して持ち帰ることができる」です。

スキル詳細は、「商談相手からの質問に対して、その場で答えられないものは宿題化して持ち帰ることができる」となっています。

営業レベル１の全体を通しての大きな目標は、売る側と買う側にある商品情報の非対称性を埋めるということでした。その意味で前述の営業レベル１の７は、答えられるときに正しく答えるためのスキルとなっています。

一方、この営業レベル１の８は、知識編にない想定外の質問に対して、その場で無理に回答をするのはＮＧであり、正しく答えるためには「宿題化」が必要だということです。

評価基準は、「その場で答えられない質問（知識編の内容で答えられるもの以外の質問）について、商談相手の信用を損ねることなく（答えられる部分を答えるなどしつつ）宿題として、持ち帰ることができているか」としています。

ただし、あっさり全部を宿題にしてしまうと、それはそれで信用を損ねます。したがって、答えられる部分については、その場で答えるようにしましょう。

トレーニング方法は、「完全に答えられない質問について、答えられるところまで簡潔に答え、残りを宿題として持ち帰るトークを他の営業に対して行い、信用を損ねないか意見を求める」としています。

これは「答えられない質問集」といったものを組織で用意し、トレーニングしておくのがよいということです。

想定外の質問ですから、完璧に用意するのは難しいかもしれません。

しかし、営業レベル1に関してはトークスクリプトを用意して、その通りにできることをスキルと考えていますので、可能な限り用意しましょう。

与えられた時間で「情報の非対称性を埋める」ことの難しさ

営業レベル1のお話の最後に、「顧客がニーズに自覚的であるうえに、話をする時間をもらえたのにも関わらず、その時間内に情報の非対称性を埋める」ことは実に難しいということを強調しておきます。

その難しさを少しでも解消するためには、与えられた時間内に意図したことを話す訓練を積みましょう。

話す速さ、声のトーンや大きさ、簡潔に話すことなどはもちろん、ひげ言葉を省くトレーニングをするのも、そのスキルを鍛えるためです。限られた時間の中で何を話すのかを前もって準備しておき、その通りに話すトレーニングをするのもそのためです。

これらが徹底されていない組織が多いと感じるのですが、逆に徹底すれば伸びる組織も多いはずです。

顧客の求める時間内で、可能な限り情報の非対称性を埋めるために、営業レベル1のスキルは必須であり、また営業力の中でも特に重要だと私は考えている次第です。

営業レベル２　潜在的なニーズに自覚的でない顧客との折衝

営業レベル2は、「潜在的なニーズはあるが自覚的ではない」という顧客との折衝のときに必要なスキル群です。

モノグサでは、この営業レベル2が17項目になっており、レベル別で最大の項目数になっています。

これは、それぞれの事業に応じて重要な営業レベルほど項目数が多くなるのが普通であり、モノグサでは営業レベル2にこだわりがあることを意味しています。

営業レベルが高くなると必ずしも項目数が増えるというわけではありません（ちなみにモノグサでは、営業レベル3は8項目です）。

営業レベル2において大変重要なのは、ニーズを自覚していない顧客に自《みず》ら気づいてもらうということです。

「営業に言われたからそう思った」とならないようにすることが大事なのです。

そのためのヒアリングが行えるかどうかが、営業レベル2の目指すところとなっています。

営業レベル	スキル名
2の1	商談相手を不快にせずヒアリングを行うことができる

営業レベル2の1は、「商談相手を不快にせずヒアリングを行うことができる」で

す。

ヒアリングをされることは、元来あまり居心地のよいものではありません。商談相手に不快な思いをさせずに聞き出すというのは、とても重要なスキルとなります。

スキル詳細は、「目的を明確に伝え、こちらからも情報を提供しながらヒアリングすることで、商談相手を不快にせずヒアリングを行うことができる」としています。

ポイントは2つあります。1つは、**目的を明確に伝える**ということです。

例えば、目的も言わずに、唐突に「Aさんって何がお好きなんですか」とか、「Bさんって休みの日にはどんなところに行くのが一番楽しいですか」とか、「Cさんって、そう言えば帰省するときってどんな交通手段で帰られるんですか」などと聞かれたら、「なぜそんなことを聞くのか？」となりますよね。

「裏に何か意図があるのでは」と勘ぐられてしまうわけです。

ここで**前提となるのは、営業レベル1を先に実施している必要がある**ということです。営業自身、所属企業について明かし、情報の非対称性を埋める努力を実施済みでなければ、ヒアリングは成立しないと考えます。

自分が何者かを先に伝えて、好印象を持ってもらったうえでヒアリングに入らないといけません。

そのうえで、こういう目的で今日はヒアリングさせていただきます、と入っていくということですね。


もう1つは、こちらからも情報提供をすることです。こちらから一方的に、「Dさんって、何がお好きなんですか」「ハンバーグです」「そうですか。ハンバーグって生に近いタイプとよく焼くタイプがありますけど、どちらがお好きなんですか」「生に近いほうですね」「そうなんですね。ソースはどんなものを使うんですか」といった感じでずっと聞いてばかりだと、質問をされる相手はかなりストレスを感じます。

これが例えば、「私はハンバーグが好きなんですけど、Dさんはお好きですか」とか、「最近、生焼けの状態で提供されて、溶岩の上で自分の好みの状態に焼けるハンバーグがあるんですけど、こういうのはお好きですか」というふうにこちらから情報を提供したうえで質問されると、ストレスが緩和されます。

このような会話の進め方ならば、あまり不快ではないはずです。

実際の商談では、顧客が興味を持つような話をしながらヒアリングすることになります。売上を上げることに関心がありそうなら、市場情報や競合情報などを添えて話を進めていく感じです。

評価基準は、「ヒアリングする目的を明確に伝えて、その内容に商談相手が納得した状態でヒアリングをしているか。事情聴取のようなヒアリングにならず、特定質問と拡大質問を交えて、商談相手が自発的にしゃべれる状況を構築しているか。情報提供を交えてヒアリングを行うことで、商談相手に不快感を与えずにヒアリングできているか」です。

特定質問とは、基本的にYes、Noで答えられるような質問です。あるいは選択肢があって、その中から選んでもらうような質問も該当します。

一方、**拡大質問とは、具体的な内容を答えてもらう質問**です。

特定質問と拡大質問の交え方は、そのときの状況によります。第3章で細かく解説していますので、詳細はそちらを参考にしてください。

特定質問だけを続けるのは、尋問風になってしまうので絶対にNGです。

理想は、拡大質問だけで商談を続けられることだと私は考えていますが、**実際には特定質問で方向を定めて、拡大質問で地固めをしていく**ことが多いと思います。

トレーニング方法は、「ヒアリング目的を一言で言えるか確認する。他社事例を暗記する。聞きたい項目に他社事例を重ねるトレーニングをする。自身のロープレを録音し、特定質問と拡大質問をそれぞれ何回行っているか確認し、最低限1：1になるようにトークを修正する」としています。

「ヒアリング目的を一言で言えるか確認する」というのは、状況に応じて臨機応変に目的を変えるというよりは、商品や市場ごとに何パターンか確定させておき、その内容を端的に伝える形でよいと考えます。

ヒアリングに入る前に、営業レベル1にて自身の素性を伝えているため、反応がいい場合は情報の非対称性を埋める中で商談が進行しているはずです。

しかし「おかしいな。ニーズはあるはずなのに反応が悪いな」ということであれば、営業レベル2の出番なのですね。

例えば「他校様でも、Monoxerの利用が増えておりますが、使い方は様々です。そこで貴校では、どのような課題感がおありかを伺いたいと思いまして……」というように切り出します。これが営業レベル２の使い方です。

そこで「他社事例を暗記する」ことが必要になります。スキル詳細で「こちらからも情報を提供しながら」としていましたが、**提供情報として、他社事例が最も顧客の関心を引く**からです。

特定質問と拡大質問のバランスは、やはりロープレを録音して確認することになります。

「最低限１：１」と言っているのは、拡大質問が多いほうがよいという意味で言っています。ただしこれもあくまで「モノグサ流」ですので、特定質問ばかりでヒアリングできるような業界や市場であるのならば、それを考慮した基準にすればよいと思います。

営業レベル

2の2

スキル名

ストーリーとして筋の通った簡潔なヒアリングができる

営業レベル2の2は、「ストーリーとして筋の通った簡潔なヒアリングができる」です。

この「ストーリーがある」ということが重要だと思っています。

顧客からすると、なぜその順番で営業が聞くのかがわからないとイライラするものですので、話の流れを意識することが大切なのです。営業がすでに告げている目的に対して、その順番で聞くのが自然と思ってもらえるように進めるということですね。

スキル詳細は、「話の流れを意識し、ヒアリング項目とヒアリング項目の間を違和感なくつなげることができる」としています。

具体的に言うと、「ところで」や「そう言えば」といった、話が飛躍するような接続詞は使わないことです。**ヒアリングシートを作る場合には、「ということは」でつ**

ながるように考えることが肝心です。

評価基準は、「ヒアリングを項目ベースで行うのではなく、先方の目標実現のためという一貫した姿勢の中で、こちらの知りたい項目を聞き出せているか。またこちらが次に聞きたいことへスムーズに誘導できているか」としています。

トレーニング方法は、「ヒアリング項目の聞く順番を自分なりに再構成する。項目間で差し込むべきつなぎ言葉や他社事例などを文章で書き出す。上記内容をロープレで実践する」です。

評価基準を満たすようなヒアリングをするためにも、ヒアリングシートを作っておくことが必須と考えています。ヒアリングシートに沿って徹底的にトレーニングしておくのです。

ヒアリング項目を定義して、「これだけは絶対に聞いてきてください」としている組織は多いと思うのですが、ヒアリングの順序にまでこだわっているケースは意外に少ないと思います。

ぜひ、ヒアリングする順番も意識してください。

営業レベル

2の3

スキル名

現状を正確に把握することができる

営業レベル2の3は、「現状を正確に把握することができる」です。

スキル詳細は、「提案を進めるにあたって必要な、現在の顧客情報を把握することができる」となります。

これから具体的な提案を進めるにあたって、必要な素材がそろっている状態を目指すためのスキルとなります。

評価基準は、「先方の目標を実現するために聞くべきことがすべて聞き出せているか（聞き出せた情報で、こちらが『誰が』『いつ』『どこで』『何を使って（機材）』『何を目的に』『何を活用する』か、商談相手のありたい姿の実現に貢献するという観点に沿って提案できるかどうか）」としています。

顧客の目標をしっかり聞き出すことが重要であるということが、当たり前ですが

１点目としてあります。

その目標を実現するために、提案するわけです。

先ほどの「提案を進めるにあたり必要な素材」としては、最終的に自社のプロダクトを提案するとして、顧客の中の「誰が」「いつ」「どこで」「何を使って（機材）」「何を目的に」「何を活用する」という6項目について関連する情報を把握できていれば、情報としては充足していると考えます。

現状を正確に把握するといった場合に、もちろん網羅的に事実を押さえるべきなのですが、**今後の提案につなげるうえで、「適切な粒度になっているか」**が重要になります。

例えば、「事業は順調であり昨年比１２０％で成長している」と顧客から聞いたとした際に、あらゆる部署が等しく１２０％達成している場合と、部署間にばらつきがあったうえでならして１２０％の場合では、今後の提案先が異なってきます。

部署間の情報をつかめていないと、最終的に「誰が」自社商品を活用するかの解像度を下げることになります。

商品によって細かな違いはあるかと思いますが、6項目に関連する情報はおそらく必須であり、ヒアリングシートもこれらにつながる情報が聞き出せるようになっていることが重要です。

トレーニング方法は、「ヒアリングパートのみロープレし、提案に必要な情報のうちどこまでそろっているかを確認する。不足しやすい情報を意識し、提案パートのロープレを行い、提案パートのどこでその要素を追加ヒアリング可能か、具体的な箇所を想定しておく」となります。

「ヒアリングパート」とは「質問の部分」ということで、そこだけロープレしてくださいということです。その結果、先に挙げた6項目のうち不足しそうなものがあれば、ヒアリングシートを作り直します。

しかしどうしてもヒアリングパートで聞きにくい情報もあると思います。その場合は、のちの提案パートで埋めていくことが必要になります。

聞きにくいケースとしては、こちらの把握したい情報が細かい場合に多いですが、提案を行う中で「この提案はAの部署には適切だと思いますが、Bの部署への親和性はいかがでしょうか」といった前置きと共に追加ヒアリング可能かと思います。

大切なのは、**最終的な提案につなげるために必要な、ヒアリングするべき情報やその粒度を事前に想定できていることであり、ヒアリングが難しいケースも含めて、商談前にヒアリング内容について意識が向けられている**ことです。

ここまでの3項目が、ヒアリングのスタートのタイミングで必要なスキルです。営業レベル2の1でミスなくヒアリングをスタートし、営業レベル2の2でうまく聞けているかを確認し、営業レベル2の3でこの先に必要なことがすべて把握できているるか、という使い方になります。

この3項目を合わせて、「ストーリーとして筋の通った簡潔なヒアリングができる」というスキル名でも運用可能だと思います。このあたりもそれぞれの組織に合った形で定義してください。

ただし、モノグサのように営業レベル2を最重要だと考えている組織であれば、営業レベル2を細かく分けるほうが確実に運用できます。

営業レベル

2の4

スキル名

商談相手が重要視している目標（ありたい姿）を具体的に把握することができる

営業レベル2の4は、「商談相手が重要視している目標（ありたい姿）を具体的に把握することができる」です。

営業レベル2の3の「現状を正確に把握する」との重複感もありますが、それとは分けて、あえて別の1項目にしています。**営業レベル2の4では、商談相手の目標を「具体的」に把握することを重視しています。**このことを、あらためて強調しているのですね。

スキル詳細は、「先方の重要視している指標を知り、その具体的な数値目標を把握することができる」となります。モノグサの場合だと、顧客は学校や塾が多いので、具体的な指標例として「進路実績」などを設定しています。

ここはもちろん業界や市場に合わせてもらえればと思います。重要なことは、商談相手が重要視しているKPIを具体的に把握することです。

評価基準は、「商談相手のレイヤーで本当に実現したいと考えている目標（ありたい姿）や法人としての目標をヒアリングし、その具体的な数値を把握することができているかどうか」です。

これは単純に「貴社は何がしたいのですか」と聞くだけでは不充分ということで、**法人としての目標を、具体的な数値で把握しなければならない**ということです。

トレーニング方法は、「顧客属性ごとに想定される、設定されやすい目標を覚えておく。顧客属性の近い他社事例を出すなど、こちらから能動的に目標を引き出すきっかけを用意しておく」としています。

モノグサの場合、学校に営業をする際は偏差値帯や私立公立の違いなどで顧客属性を定義しますが、業界や市場に合わせて設定してください。

顧客に明確な目標がある場合はスムーズにヒアリング可能ですが、そうとも限りません。明確な目標が存在しない場合に備えて、同じ顧客属性に存在しやすい目標設定の事例を用意しておくことが重要です。

他社事例を添えつつヒアリングする中で、目標の把握を進めます。目の前の担当者に具体的な目標が存在しないとしても、上位レイヤーには存在するケースも多く、最終的には会社のミッション・ビジョンを定量的な数値に落とし込むことで目標として合意することも可能です。

ここまでの説明でお気づきになった方はさすがですが、目標の合意が難しいケースは目標と現状の一致度合いが高い、つまり潜在的にもニーズが存在しない状況であり、度合いによっては営業レベル3を用いるケースとなります。

営業レベル

2の5

スキル名

目標と現状のギャップを商談相手と握ることができる

営業レベル2の5は、「目標と現状のギャップを商談相手と握ることができる」です。営業レベル2の4で、他社事例という具体的な数値を出すことで、商談相手からも具体的な目標数値を引き出すと述べました。

「握る」という言葉は、営業であればよく使うと思います。「顧客や関連部署との合意を取る、内容のすり合わせができている」といったニュアンスの言葉です。

スキル詳細は、「目標と現状のギャップを商談相手に発言させるなどして、明確に認識させせられる」となります。

モノグサを例にしますと、営業先は学校や塾が主です。そこで「進路実績を上げたいですか」と質問すれば、多くの場合「Ｙｅｓ」と返ってくるでしょう。この人物は進路実績を「高偏差値の大学への進学者数」と捉えており、「上げる」とはその進学者数を増やすことを想定しているのだと伝わります。

気をつけていただきたいのは、これらは一例であり、弊社の顧客群でも目標設定は様々です。「一人一人の理想とする進路を全生徒が実現することです」とおっしゃるケースもありますが、他社事例を添えて情報の具体度を増すことで、顧客からも具体的な返答を得られるということがポイントです。

「最近ＧＭＡＲＣＨ（学習院大学、明治大学、青山学院大学、立教大学、中央大学、法政大学）への進学者を増やしたいという学校様が多いのですよ」と他社事例を伝えれば、「ＧＭＡＲＣＨ層への進学者数を増やしたいのかどうか」を聞いているのだなと思うでしょう。

このようにして、具体的な目標をまず確認します。

そのうえで、「現状はどうなのか」を聞くわけですね。

意外と、目標と現状のギャップを把握していない顧客が多いのです。そこで目標も、現状も、それぞれ顧客に明確に発言してもらうことが重要になります。

評価基準は、「目標と現状に『どれだけの差があるか』また『差があること自体が問題である』と先方と共通認識を持てているか（商談相手から自発的な上記発言を引き出せると◎）。先方自体が目標にリアリティーを持っていない場合は、リアリティーのある目標を握り直して、その目標との差に問題意識を共通で持てるかどうか」としています。

「商談相手から自発的な」というのは、直前に述べた通りで、顧客の口からはっきりと言ってもらうことが理想です。

実際の商談では、顧客自身が目標にリアリティーを持っていないことも多く、その場合には現実的な目標を握り直すことが必要になります。

そのうえで、顧客の口から「うちはまだまだですよ」「目標とはこれだけの差があるのです」と言ってもらうことが大切です。**顧客から言ってもらえて初めて「先方と共通認識を持てている」と言える**わけですね。

ギャップについて顧客から言ってもらうことは、想像以上に重要です。**目標と現状の差を、他人から指摘されて嬉しい人はあまりいません。**漠然とした目標であったとしても、そこに到達するために誰もが何らかの努力をしているわけです。

しかしどうしても乖離《かいり》は生じます。その乖離がどれぐらいなのか、なぜそのような乖離が生じているかを、第三者に指摘されてもおもしろくありません。

当事者である顧客本人から言ってもらうことが一番であり、私たちはそれを顧客に寄り添って聞いているというスタンスであるべきなのです。

トレーニング方法は、以上を踏まえて、「目標と現状をどれだけ具体的に聞き出せているか確認。具体的な目標と現状にどうして乖離が生じてしまうのかについて、問題の当事者として、相手目線の言葉でその差を追求できているか録音して確認。当該営業レベルがクリアできている営業の利用しているつなぎ言葉を確認する」としています。
やはり録音することが重要です。また営業レベル2にもなると難しくなってきますので、自分一人で悩まず、できる人のまねをすることも大切になってきます。

営業レベル

2の6

スキル名

ヒアリングした段階での仮説ベースの真因を、アウトプットすることができる

営業レベル2の6は、「ヒアリングした段階での仮説ベースの真因を、アウトプットすることができる」です。

スキル詳細は、「ヒアリング時点でギャップが生まれる真因に対して仮説を持ち、その仮説について、商談相手とコミュニケーションが取れる」です。

営業レベル2の5でギャップが明らかになりました。この**ギャップが生じる要因のうち、顧客がすでに自覚的なものを「課題」**とよびます。

課題を掘り下げていきながら、まだ自覚されていないニーズを浮き彫りにすることが営業レベル2で行われます。

目標と現状のギャップに対して、顧客にとって自覚的な要因である課題が存在します。その**課題の中にニーズがある**という構造になっていると私たちは考えていますが、より詳細に定義をすると、**なぜその課題が自覚的なのにも関わらず解決に至らないのか、さらに奥に自覚的でない要因である真因**が存在すると考えます。

その**真因を解決したいと自覚的になることが「ニーズの顕在化」**だと思うのですね。したがって、**課題の掘り下げとは、真因の追求および合意**になるということです。つまり、**私たちの提供する商品が、課題の真因の解決に役立つとわかって初めて、顧客が私たちの提案に共感してくれる**ということなのです。

ここで重要なことは、「ギャップの特定」までは比較的簡単ですが、**「真因の追求」は難しい**ということです。

営業レベル２においては、顧客にとってニーズは潜在的なのですが、課題についてはある程度自覚的な状態です。

いきなり真因を自覚してもらうことは難易度が高いため、まずは顧客が自覚的な

課題を口にしてもらうことが重要です。目標・現状・ギャップは事実ベースで合意可能ですので、正しく誘導できれば課題までは明確に言ってもらえるものなのです。

しかし真因はそうではありません。**真因は「真の原因」ということであり、隠れているのが普通**だからです。

つまり「課題には自覚的だが、真因には自覚的でない」という前提に立つべきなのです。

逆に顧客が真因を自覚していれば、営業レベル1のスキルで十分対応できます。課題の根っこが真因であり、それさえわかっていたら、「こういう商品があればいいな」となります。その状態であれば、「わが社にこんな便利な商品がありますよ」と言えばよいだけなのです。

真因を追求するにあたって大事なのは、あらかじめ仮説をいくつか用意しておくことです。「この市場にはこういう課題があって、それぞれの課題に対してそれぞれの原因があって、その原因は自社の商品をこのように使えば解決できるはず」といった仮説を事前に作っておくということです。

図8　目標、現状、ギャップ、ニーズ、課題、真因の関係性

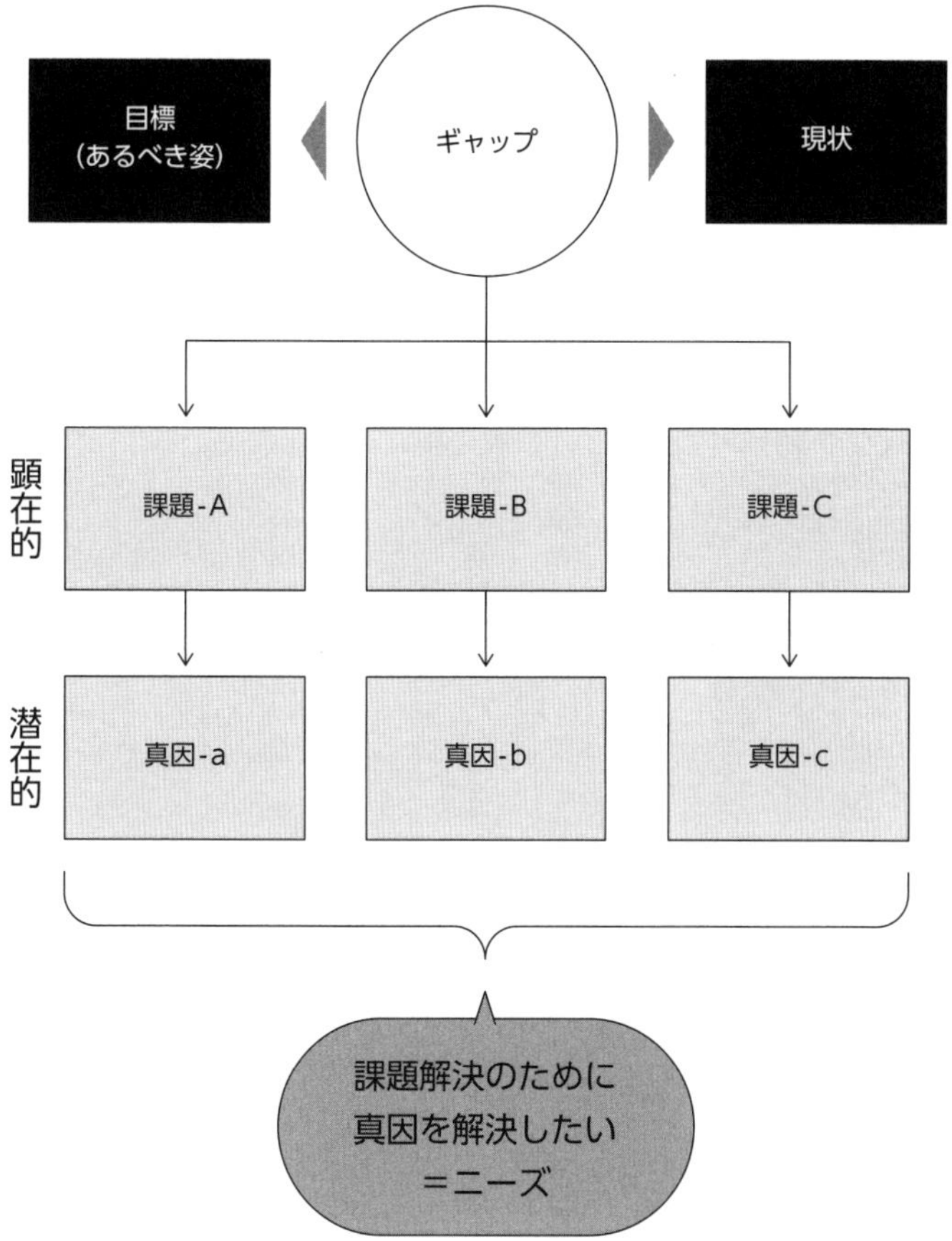

顧客とゼロから一緒に「いったい何が原因なのでしょう」と悩んでいても、いい答えは出ません。営業から仮説を出して、コミュニケーションを取るようにします。

評価基準は、「ヒアリングした段階で自分なりの筋のよい、ギャップが生まれる真因に関する仮説を持てているか。その真因について、商談相手に共有する（もしくは商談相手から引き出す）ことができているか」としています。

ヒアリングした段階で何らかの仮説ができていないと、これは営業レベル2の営業には達していないということです。なお、ヒアリングした段階で、相手が真因に対して自覚的であると感じれば、営業レベル1のスキルで売るように軌道修正してもよいのです。

目標と現状のギャップでもそうでしたが、真因を一方的に指摘されると商談相手は不快になるので、慎重に商談を進めてください。

「貴社の売上が上がらない根本的な理由はこれじゃないですか？」などと言うとムッとされてしまい、最悪の場合、その瞬間、商談が終わってしまいます。

「このようなことが真因だろう」ということは、事前に過去事例を通して分析しておいて、商談の場には暗記して臨むべきです。

そうできるようにロープレもするわけですが、あくまでヒアリングを通して、相手が気づく形に持っていかなければなりません。

「こういったことがありますよね」と言い切るのではなく、「こういったことが、もしかしたらあるのではないですか？」と、他の事例に基づいてヒアリングをするようにします。「他社でこういうことがよく起きるのですが、御社でもあり得ますか？」という聞き方ができればよいでしょう。

トレーニング方法は、「顧客属性ごとに課題から生まれる真因を暗記する。その真因について、他社事例を添える形でヒアリングができるよう意識してロープレを行う」としています。

営業レベル

2の7

スキル名

ギャップが生まれる真因を突き止められる

営業レベル２の７は、「ギャップが生まれる真因を突き止められる」です。

スキル詳細は、「仮説ベースのギャップが生まれる真因についてコミュニケーションし、発生している理由を先方から具体的にヒアリングし、商談相手と真因について共通認識を持てる」としています。

モノグサでは、真因というものをかなり重要視していますので、真因に関わる部分は細分化してスキルとして定義しています。

営業レベル2では、営業レベル2の6〜営業レベル2の10、および営業レベル2の12の計6項目が真因に関わるスキルとなっています。

評価基準は、「なぜその事象が起き、常態化してしまっているのかについて、具体的な真因を商談相手から聞き出すことができているかどうか。またその真因はこちらから提案アクションができる粒度・種類にコントロールできているか」となります。

真因に関する共通認識を顧客と営業の間で持つために必要なのは、「なぜその事象が起き、常態化してしまっているのか」を聞き出すことです。そして、それを提案に落とし込めるだけの粒度、すなわち詳細さで聞けているかどうかです。

実際の進め方をもう少し具体的に言うと、営業レベル２の６で仮説を提示したあと、それを商談相手に反芻《はんすう》してもらうイメージになります。

仮説を提示した段階で商談相手からは、「まあそうかもしれませんね」という反応が返ってくると思います。そこですかさず「今おっしゃった真因なのですが、どういうふうに起きているのでしょうか」とか「なぜ起きているのでしょうか」と、あらためて具体的にどこで、なぜ真因が起きているのかを聞き直すのです。

この**「聞き直し」が重要なテクニック**なのですね。

営業レベル２が必要な場面では、商談相手は真因に自覚的ではありません。そこでいったん営業レベル２の６で仮説を提示するわけです。

その仮説に合意してもらえれば、「なぜ起こっているのでしょうか？」と営業から聞かれると、商談相手は自覚の度合いが増しているので「まあ、こういうことが原因でしょうかね」と向こうから原因を挙げてくれる、という構造になります。

そこで「なるほど。○○様のおっしゃる通りかもしれませんね」と一言添えると、商談相手は自力で真因を突き止めたという感覚になり、指摘されたという印象を軽減することが可能です。

トレーニング方法は、スキル詳細を踏まえて、「真因をヒアリングできた際に、『具体的にどこで起きているか』『なぜ起きているのか』(特に『なぜ』は提案できる粒度になるまで具体的に)を聞くように意識をして、実施できているかをロープレを録音し確認する」としています。

ここでも、ロープレを録音して、確認することが重要です。

営業レベル
2の8
スキル名
真因を解消する必要があると顧客に言語化させられる

営業レベル2の8は、「真因を解消する必要があると顧客に言語化させられる」です。

スキル詳細は、「目標を達成するために真因を解決する必要性があるのだと商談相手に発言させられる」となります。

営業レベル2の7でいったん真因を突き止めたうえで、さらに「それを解消する必要があるのか」をわざわざ聞いているということです。このことから、モノグサ社内で営業レベル２をきわめて慎重に進めていることがわかってもらえるかと思います。

「真因を解消する必要がある」ということも、商談相手の口から言ってもらわないといけないと考えているわけです。

例えば、あなたがＴＯＥＩＣの成績を上げたいとします。目標点と現状のギャップを確認されたうえで、どうして乖離が起きているか聞かれた場合に、何と答えるでしょうか。

「リスニングパートが目標に達しておらず、リスニングのトレーニングが足りない」と答える場合もあれば、「仕事が忙しくて、なかなか勉強の時間が取れない」と答える可能性もあるでしょう。どちらも自覚的な課題として間違ってはいないはずです。

この場合にモノグサとしてたどり着くべき真因は「通勤など隙間時間に、音声を伴った単語の記憶ができていない」などとなりますが、これを仮説としてあなたに伝え、合意しただけでは不充分です。

「仕事が忙しいのは確かだが、通勤時間などの隙間時間を有効活用できていない」「単語帳を紙で保有し活用しているが、音声を伴ってはいない」など真因の言い直しにあたる言葉をあなたに発言いただいたうえで、「それを何とかしたいが、なかなか難しいですよね」などとあなたに発言していただきたいのです。

評価基準は、「ヒアリングした真因について『なぜ今解決できていないのか』理由を特定したうえで、『その真因を解決したいと本当に思っている』と先方から引き出せるかどうか（当該の真因について引き出せない場合は、先方が本当に解決したいと考える事象をヒアリングできているかどうか）」としています。

真因について、ここまできわめて丁寧なコミュニケーションを取りながら突き止めてきました。

商談相手は、「確かにうちはそれで困っているよな」と自覚的になってきています。それも自分で考えたうえで、そこまで至ったと思っているわけです。

しかし、**そこですぐに「それって解決する必要があると思うのですがいかがでしょう？」と言ってはいけません。**

まだまだ慎重に進めなければならないのです。

私たちの場合では、**ここでいったん「目標の確認」に戻ります。**そして、「何が解決できたら目標を達成できるか」についてもう一度聞いていきます。

解決できていない理由を特定していくということです。「なぜ今その問題が残っているのでしょうか？」ということを聞いて、それを商談相手の口から言ってもらうことが重要なのです。

それで、商談相手は「うーん。何が理由なんだろうなあ」となってしまうこともあります。その場合は、いったん目標だと同意したことが、実は本当の目標でないことが多いです。

この場合は、また営業レベル２の４「商談相手が重要視している目標（ありたい姿）を具体的に把握することができる」まで戻るしかないと考えています。

トレーニング方法は、「現在の先方の努力を尊重しているニュアンスを伝えるトークを覚える。そのうえで『なぜ解決できていないのか』というニュアンスの言葉を商談相手への批判ではなく、『本当に解決したいと思っているか』の温度感確認として使えるようにロープレを実施」としています。

目標と現状のギャップを埋めるために先方もがんばっている姿勢を、まずは肯定することが大事です。「あれもできていない。これもできていない」というニュアンスではなく、「こんなにがんばっておられるのに、なぜこの真因だけは残ってしまっているのでしょう」というスタンスで寄り添うのです。

商談相手が「目の前にいるこの営業は、我々を批判しているのではなく、本気で問題解決をしたいと考えているのだ。まるで身内のように温かいなあ」と感じてくれるような本番の商談ができることを目指し、ロープレを繰り返すことです。

先ほども触れたように、営業レベル2の6〜営業レベル2の8はかなり細かく感じるかもしれません。

ここで一度おさらいをしておきましょう。

目標と現状にギャップが存在し、ギャップが生まれる要因の中で、顧客の自覚的な課題が存在します。その課題には真因があるという関係になっています。

そして課題も真因も、商談相手が自分で気づけたという形で進めることで、ニーズにも自覚的になります。その結果として、商談はスムーズにいきます。

そのときに、顧客にとって課題はある程度自覚的であるのに対して、真因は元々自覚的でないのですね。

だから真因を自覚してもらうのは難しく、自覚してもらうためには慎重に進める必要があるわけです。

ですので、「通勤など隙間時間に、音声を伴った単語の記憶ができていない」のではないかといった真因の仮説を共有したあと、「仕事が忙しいのは確かだが、通勤時間などの隙間時間を有効活用できていない」「単語帳を紙で保有し活用しているが音声を伴ってはいない」などと具体的事象として商談相手に真因を言語化してもらい、その後さらにいったん目標に戻して、課題が解決されていない理由をまた商談相手自身に反芻してもらうといった複雑なプロセスになるのです。

営業レベル2の6〜営業レベル2の8が丁寧にできるようになればニーズが顕在化し、その先はおおむね営業レベル1のスキルを用いて、真因解決につながる商品情報を伝達する流れとなります。

ただし、営業レベル1と異なる点もあります。営業レベル1では商品の説明がきっちりできれば売れるのに対して、営業レベル2では解決策を提案しないといけないという違いです。

したがって営業レベル2の9以降は、しっかりとした提案をするためのスキルが中心になっています。

営業レベル

2の9

スキル名

真因に優先順位をつけられる

営業レベル2の9は、「真因に優先順位をつけられる」です。

スキル詳細は、「真因が複数生じた際に、それぞれの中での優先順位づけを商談相手と共に行うことができる」となります。

営業レベル1では、顧客がニーズに対して自覚的でしたので、真因を突き止める必要もありませんでしたし、当然ながら優先順位づけも必要ありませんでした。

しかし営業レベル2ではここまで、解決するべき真因について合意したとはいえ、商談前まで意識を向けていなかった事実ですので、まだまだ重要度が高まりきっていない可能性があります。また自覚的になったとはいえ、他により早く解決すべき問題があるかもしれません。

したがって**真因に優先順位をつけておかないと、「解決は必要かもしれないけれど、その真因の解決は半年後でもいいよ」ということになりかねない**のです。

そこで、真因に優先順位をつけることが重要になってくるわけです。

また、真因は基本的に複数あるものです。複数あれば、優先順位をつけるのは一般的なことです。

評価基準は、「商談内で複数の真因が生じた際に、商談相手の目標（ありたい姿）実現のために客観的な優先順位づけを行うことができ、その優先順位づけに商談相手から賛同を得られているかどうか」としています。

トレーニング方法は、「ヒアリングパートで聞き出した真因を整理してコミュニケーションを取る練習をする。整理した情報を商談相手に自分の仮説つきでコミュニケーションを取りながら、優先順位を教えてもらうプロセスをロープレする」となっています。

モノグサでロープレをする場合には、あらかじめ真因を2つ用意しておいて、真因Aは困っている度合いで言えば8、真因Bは2というように顧客目線での重要度を設定します。

実際の商談では4つも5つもあることが多いわけですが、ロープレ上では2つにしておき、それぞれの重要度を把握し、優先順位づけをして、顧客と合意するためのコミュニケーションができるかをチェックするのです。

具体的には、いったん目標に戻って、目標実現のための優先順位を教えてもらうようなヒアリングができるかどうかをチェックします。

真因さえ認めてもらっているのであれば、優先順位に関しては、あとは客観的（窓口担当者を中心に多くのステークホルダーの意見を拾いながら）かつ定量的（具体的な数値に落とし込んで）に考えていけばよいので、こちらから仮説をぶつけていく形でかまいません。

例えば、TOEICの例であれば、リスニングもリーディングも改善したいとなった際に、結局どちらのほうが点数としての改善余地が大きいのかといった比較軸を提示することが可能です。

最終的には商談相手の口から言ってもらうのはこれまでと同じですが、「リスニングのほうが点数の向上余地が大きいのではないか」など、こちらの仮説を提示して、選択・修正をしてもらえばよいでしょう。


先ほど「真因は基本的に複数ある」とお伝えしました。実は真因が1つしか出てこないとしたら、その商談の難易度が上がってしまいます。

真因が複数出せて、「そのどれでもMonoxerが解決の役に立つのですが、その中のどれが優先度が高いですか」ということを、目標と接続させながら議論できれば、そのうちのどれかをやりたいという気持ちが高まるのですね。

そこで真因を複数出すことが重要になるのです。**要するに複数ある真因の中から、顧客に「自分が選んだ」という体験をしてもらうのがよい**のです。

顧客自身が選んだ真因ですから、それはさすがに解決したほうがよいと思ってもらえます。そして、そのような気持ちになって初めて、営業から提案される解決策をしっかり聞きたいと思うわけです。

この段階で、ようやく提案に進むことができ、次の営業レベル2の10以降のスキルが役に立つことになります。

営業レベル

2の10

スキル名

真因を解決できる商品を提案できる

営業レベル2の10は、「真因を解決できる商品を提案できる」です。

営業レベル2の9までを実施すると、顧客はようやく「解決策に耳を傾けてもいいかな」という状態になります。つまり提案段階に入ったということです。

スキル詳細は、「真因と絡めて、解決につながる自社商品を説明することができる」となります。

評価基準は、「真因解決に直接的に貢献する商品を選択し、解決に貢献する理由を明確に述べているか」としています。

真因と提案が結びついていることを特に重視しています。商品の情報を正確に簡潔に伝えられるという意味では、営業レベル1と同じなのですが、「真因と絡めて」という部分が違うところです。

トレーニング方法は、「よくある真因を暗記しておく。真因に対して解消の支援ができる自社商品の機能をあわせて暗記しておく。同一の真因に対して導入事例があれば情報を収集しておく。顧客に関する属性情報と真因を聞けば、どのような解決策（商品の機能や導入事例）が有効かを即答できるか、クイズ形式で他の営業にチェックしてもらう」と、非常に多岐にわたっています。

モノグサでは、トレーニング方法冒頭の「よくある真因」について、教育現場の顧客を想定する場合は「偏差値別」、一般企業の従業員教育における顧客を想定する場合は「職種別」など、業界・市場ごとに情報を整理しています。

ポイントは**顧客属性別に「よくある真因」が違う**ということです。

ここも貴社の業界・市場に合わせて考えてもらえればと思います。その真因ごとに自社商品の使い方が違ってきます。

モノグサであれば、「隙間時間を有効活用できていない」という真因に対しては「AIの設計する学習計画の利用による、1日10分の分散学習の実現」かもしれませんし、「音声を伴った活動の不足」という真因であれば「音声認識機能を活用した音の記憶」となるかもしれません。

したがって真因と自社商品の使い方をあわせて暗記しておくことが重要になるわけです。

また属性が共通である他社について、真因が同一の導入事例があれば、それを伝えることで商品への関心がますます高まることになります。

モノグサでは実は顧客属性を細分化して、それぞれに応じて営業スキル検定を作っています。

教育現場向けであれば、英語科に提案するのか、社会科に向けて提案するのかで別の内容を作成していたり、一般企業の従業員教育向けであれば営業企画向けと人事向けに異なる内容を作成しています。

そして1つの顧客属性（例：営業企画担当向け、人材開発担当向けなど）に対して課題を5個、その課題ごとに複数の真因をあらかじめ用意しています。真因ごとにも解決策、つまり自社商品の活用方法がいくつかあります。これらすべてを覚えるのは大変ですが、ロープレを繰り返すことで身につけてもらっています。

営業レベル

2の11

スキル名

商品提案パートに入っても商談相手4：自身6の割合で会話できる

営業レベル2の11は、「商品提案パートに入っても商談相手4：自身6の割合で会話できる」です。

この「4：6」という比率に関しては、様々な意見があると思います。よく言われるのが「聞き上手な営業が売れる営業だ」ということですが、第1章でもお伝えしたように、これは私に言わせると、ニーズの顕在化度合いを無視した考え方です。

ニーズが顕在化していて、営業レベル1で対応できる顧客であれば、商談内での会話の割合は、それこそ「商談相手0：自身10」でもよいと思うぐらいです。

スキル詳細は、「簡潔に商品説明・解決手法提示をしながら商談相手へのヒアリングを継続し、常に商談相手がしゃべる時間を確保することができる」です。

営業レベル2では、商談の前半はヒアリングパートとなりますので、他社事例を添えつつ質問する時間以外は、多くの時間で顧客が話している状態が続きます。

営業レベル2の商談前半でやっと顧客がニーズに自覚的になった直後に、営業が怒涛の商品説明を開始すると、前半からのギャップが大きすぎて、苦痛に感じるケースもあります。

もちろん、ニーズが明確になっていればいるほど、営業が一方的に話してよい状況となりますが、営業レベル2が必要なケースでは慎重に進めるべきだと考えます。真因を認めてもらったとはいえ、その後も顧客に目標・現状・課題や真因について反芻していただいたり、それぞれをより具体的にする発言をしてもらいながら、商談を進める必要があるのです。

したがってモノグサでは、顧客に4割ぐらいは話してもらおうと決めているのですが、これも貴社で検証しながら割合を決めてもらいたいと思っています。商品によっては商談中、営業が10割話してもよいということもあり得るかもしれません。

スキル詳細で「簡潔に」とあるのは、商談相手がしゃべれない時間を短くしたいからです。

ただ営業レベル1にも「簡潔に」という話がありました。どこが違うかと言えば、営業レベル2では、解決方法を提示しながらも、商談相手からのヒアリングが継続されているところです。

評価基準は、「商品提案パートに入っても、話す時間のシェアとして商談相手4：自身6以上に商談相手が話す状態を実現できているかどうか」としています。この「4：6」という比率は繰り返しになりますが、貴社で検証しながら決めていってください。

トレーニング方法は、「自身のロープレを録音し、文字起こしし、提案中に意味のあるヒアリングを挿入できる箇所を特定する。質問をすでにしている箇所は特定質問を拡大質問に変更し、文脈を変えずに商談相手の発言量を増やせないか考える。考えた内容をロープレで録音し確認する」となります。

評価基準に基づいてロープレを繰り返すことが肝心です。

ロープレを録音し、文字起こししたものを見ながら、**商談相手の発言量を増やすために何ができるかを考える**ことが重要になります。

「提案中に意味のあるヒアリングを挿入できる箇所を特定する」とありますが、「意味のある」というのは、例えば真因をより細分化して優先順位設定を可能にしたり、解決策の具体性を増すことに貢献する、といった定義になります。

提案しているときに、例えば「このような人たちにはいいと思うのですが、このような人たちにはどうでしょうか」といった質問を入れられるような箇所を探すということです。

モノグサで言えば、「例えば1日30分学習してくださいと言うと、成績上位の生徒さんはおそらく実行すると思うのですが、成績下位の生徒さんはどうでしょうか」といったヒアリングを適宜挟むようにしています。

また「質問をすでにしている箇所は特定質問を拡大質問に変更し」とあります。

これは、例えば「生徒さんの成績を上げたいですよね」といった特定質問をして、Ｙｅｓと言われていたとしたら、「どんなやり方で上げていくか」「どのぐらい上げたいと思うのか」といった拡大質問をすることで、商談相手の発言量を増やしていくということです。

営業レベル

2の12

スキル名

真因に対して具体的な打ち手を提示できる

営業レベル２の12は、「真因に対して具体的な打ち手を提示できる」です。

営業レベル２の10では「弊社の商品が持つこの機能が役に立つと思うんですよね」というレベルですが、営業レベル２の12ではもっと具体的な活用方法にまで言及します。

スキル詳細は、「自社商品やその他の手法を使い、真因を解消するための具体的な打ち手を提示することができる」となります。

「その他の手法」というところがより具体性を実現できる要素であり、自社商品を活用するうえでの周辺環境などにも言及することを目指します。例えばMonoxerのようなプロダクトであればスマホで使うのか、あるいはタブレットで使うのかといった詳細な使い方に踏み込んでいくということです。

評価基準は、「真因解決につながる商品説明を終えたのち、その商品をどのように具体的に活用するか説明できているかどうか。具体的な使用イメージが湧かせられているか」としています。詳しくはトレーニング方法をお伝えするほうがわかりやすいでしょう。

そこで**トレーニング方法**ですが、「真因を解決するには『誰が』『いつ』『どこで』『何を使って（機材）』『何を目的に』『何を活用する』ことが理想なのか、それぞれの真因について仮説を暗記しておく。顧客にあわせて上記項目をスムーズに確認できるようロープレを行う」となっています。

具体性のポイントとしては、「誰が」「いつ」「どこで」「何を使って（機材）」「何を目的に」「何を活用する」の６つを設定しています。

ある真因を解決するために解決策が存在しますが、その解決策を実行するうえで必要な６つの観点をそれぞれ記憶しておいて、実際の商談で使えるようにロープレを繰り返すことになります。

提案する商品の導入後に、実際に行うことをありありと顧客の頭の中に描いてもらうぐらいまで具体化してもらうことで、このあとの展開について真剣に向き合ってもらうことができます。

「このあとの展開」とは、第1章ですでに述べたように、導入には様々な障害があるのですが、その障害に対応する方法を商談相手と一緒に考える必要があるということです。

ここで少しさかのぼって、スキル詳細の「その他の手法」について具体的に話すことの真の目的についてお話ししておきます。

例えばモノグサの場合ですと、「英単語を習得する過程において、それぞれの単語を記憶することはMonoxerで行いましたが、最終的に実際の英単語の活用のされ方を把握するために（その他の手法である）教科書を活用しました」といったことを伝えることが重要なのです。

このように、「その他の手法」について具体的に話すことによって、自社商品はあくまで解決策の一部であり、真因の解決（例：英単語を単体で記憶するのではなく、実際に使われる文章を確認しながら記憶させた）こそが私たちの関心事だというニュアンスが顧客に伝わるからです。

顧客の課題解決に対して真剣に取り組んでいることを示すためには、「その他の手法」もあわせて話すことが大変重要なのです。

営業レベル

2の13

スキル名

打ち手を実施するうえでの障害をヒアリングできる

営業レベル2の13は、「打ち手を実施するうえでの障害をヒアリングできる」です。

営業レベル2のここまでの内容をざっと振り返りましょう。

まず先方の目標を把握しました。続いて、現状を把握していく中で目標と現状のギャップに自覚的になってもらい、そのギャップが生まれている課題を先方から言ってもらいました。

さらにその課題が生まれている真因をこちらから提示しながらも、商談相手に解決の優先順位をつけてもらう際に反芻してもらうことで、「真因はこれだ」と確信してもらいました。

そのうえで、真因の解決に役立つ商品を提示しつつ、他の手法も組み合わせた商品の使い方を提示しました。

そうすることで顧客は、「これは本気で真因を解決したいと思ってくれているんだな」と感じるわけですね。


しかしここまで実施してもまだ売れるとは限らないところが、営業レベル2の難しさなのです。真因に自覚的ではなかった顧客が、自覚したとたんに導入が決まるということもありはします。

ですがたいていの場合、解決策を実施したくない理由、あるいは実施しにくい理由があるものなのですね。

顧客が真因に自覚的になった段階で解決策を聞き、**「確かにそれはいい案だな」となっても、そのあとに「でもねえ」**となるのです。

その**「でもねえ」の続きを聞き出せるかどうか**が重要なポイントであり、それが営業レベル2の13なのです。

スキル詳細は、「打ち手の実施を進めるうえで、問題として起こり得る事象を商談相手からヒアリングできる」となります。導入に際して、今後起こるかもしれない障害や心配ごとを商談相手から聞き出せるということです。

評価基準は、「打ち手として商品が採択された状態を具体的にイメージする中で、導入の障壁となる事象を商談相手からヒアリングできているかどうか（障壁とまでいかない場合は、懸念レベルの情報を引き出せているか）」としています。

スキルの順位上、このスキルを発動するときには、すでに真因に合意したうえで具体的なイメージを持ち始めているので「導入の障壁となる事象」はたいてい何パターンかに決まっています。

例えば、費用対効果です。営業をしていれば何度も言われていると思いますが「いいものだとは思うが、お金をかけてまで導入するべきものか」という観点です。他にも、具体的な運用イメージが湧かない、意思決定者の考えとのぶつかりなどもあり得るパターンです。導入障壁のパターンを、顧客属性や商品ごとにあらかじめ想定しておくことが肝心です。

トレーニング方法は、「打ち手別の主要な導入障壁を暗記しておく。ロープレの際に、他社事例として解消した経験のある導入障壁およびその解決手法をトークするケースを練習する」となります。

決めておいたパターンを暗記して、ロープレするということです。

「今回ぜひ運用を実施したいと思うのですが、これまでなかなか取り組めていなかった理由などはあるのでしょうか?」と商談相手に聞くと、暗記していたパターンの中のどれかが出てくることが多いです。

ところが商談相手から導入障壁となるものが出てこないこともあります。その場合は、私たちが提示した解決策に本気で取り組もうと思っていないか、私たちの提示した打ち手について運用の細部までイメージできておらず具体的な障害に言及できないか、どちらかです。

もちろん、障害は存在せず、導入に向けてぐんぐんと話が進むケースも存在しますが、これまで解決に至らなかった真因にアプローチしているわけであり、何かしらの障害はあってしかるべきであるため、たとえ順調であったとしても頭の片隅では「本気かどうか」「詳細までイメージしてもらえているか」など気にしながら進行するべきです。

また、このあたりで商談も1時間に近づいている可能性がありますので、顧客の予定や温度感によっては一旦商談を切り上げてもよいでしょう。

この場合は、障害が発生しない要因を払拭するために次回の商談を設定することになります。真因など合意できたポイントについては再確認したうえで、より具体的な提案を次回持ち込む、という形で商談を終えるようにしましょう。
商談を続けるにしても、一旦切り上げる判断をするにしても、最終的に商品を購入いただき、活用いただくためには障害を取り除く必要がありますので、導入障壁のパターンは覚えておきましょう。

営業レベル
2の14
スキル名
障害の解消策を提示できる

営業レベル2の14は、「障害の解消策を提示できる」です。
スキル詳細は、「起こり得る障害に対して、他社事例や商品説明を通して商談相手の納得感のある解消策を提示することができる」となります。
評価基準は、「商談相手からヒアリングできた障害について、具体的な情報を提供することで、その事象の存在自体が導入可否に関わることを避けられているかどうか」としています。「具体的な情報を提供する」とありますが、これは「顧客にとって完璧であると感じられる打ち返し方を用意しておかないといけない」ぐらいに思ってください。

例えば「予算がまったくない」と言われたとしても、明確な回答を用意しておくのです。**「明確な回答」とは、同じような状況の他社が、その解決策で実際に導入に至った**というものです。

弊社のサービスであれば資格取得対策に利用されるケースがあります。資格取得のための試験を受けるには受験料が発生しますが、Monoxer導入による合格率向上と一発合格実現による受験料軽減を結びつけて費用対効果のよさを語れるようにしておきます。

そういう解決策がないと、その障害について口にされた瞬間に商談を前に進めることが不可能になります。

したがって組織を挙げて、「明確な回答」を用意しておく必要があるのです。

トレーニング方法は、「どんな障害が現れても、他社で解決した事例をスムーズに話せるようにしておく。その際、『確かに同じように考えられる顧客が多かった』『過去、同じ問題に苦しんだ顧客もいた』など共感の要素がトーク内に入れられているかも録音して確認する」としています。

いずれにしても、導入の障害に対しては、「他社ができたのだから貴社でもできるはず」という事例を覚えておいて、導入障害の話になったらそれをカウンタートークとして使うしかないのです。

営業レベル

2の15

スキル名

施策導入時の具体的なイメージを商談相手と握れる

営業レベル2の15は、「施策導入時の具体的なイメージを商談相手と握れる」です。

スキル詳細は、「真因解決に向けて提案商品を活用するとして、『誰が』『いつ』『どこで』『何を使って（機材）』『何を目的に』活用することが理想的かについて商談相手と共通認識を持てる」となります。

例えば、「営業部のメンバーが（誰が）」「朝礼後の10分間に（いつ）」「各自の勤務場所にて（どこで）」「社用携帯を利用して（何を使って〈機材〉）」「2回目商談獲得率向上のためのヒアリング力強化を目的に（何を目的に）」といった粒度です。

ポイントは「理想的」という表現です。この段階に至っては、導入する意思がかなり強くなっていますので、**実際に運用されるレベルで、しっかり顧客と営業の間で導入後の理想像のすり合わせができているか**が重要になっています。

評価基準は、「真因解決に向けて提案商品を活用するとして、『誰が』『いつ』『どこで』『何を使って（機材）』『何を目的に』活用することが理想的かについて、商談相手からの言質が取れているかどうか」としています。

トレーニング方法は、「ロープレで提案パートを録音し、『誰が』『いつ』『どこで』『何を使って（機材）』『何を目的に』といった項目が満たされているか確認。満たされていない場合、なぜその要素が抜けてしまったか、本当に商談相手から取った言質の内容のみで具体的な実施イメージが持てるかを確認。文字起こしをし、どの部分で該当箇所を聞くべきだったかを記入」としています。

営業レベル2の15を試みる中で、結局また導入障害の話に戻ることもあり得ると思います。したがって、商談で営業レベル2の14と行ったり来たりする可能性があります。

またこの項目については、営業レベル2の3で現状把握をしっかりしておく必要があります。現状把握ができていないと、根本的に導入は難しいです。場合によっては、現状の把握まで戻る必要があるかもしれません。

営業レベル
2の16
スキル名
施策を導入するうえでのキーパーソンを把握できる

営業レベル2の16は、「施策を導入するうえでのキーパーソンを把握できる」です。

営業レベル1を用いるシチュエーションにおいては、顧客内でニーズが顕在的ですので、そのニーズは顧客組織内でキーパーソン含めて広く共有されていることが多く、わざわざキーパーソンを押さえる必要はありません。

したがって、営業レベル1ではスキルとしても定義していません。一方、営業レベル2が必要な状況では、顧客側の担当者が商談を通してニーズに気づいたあとで、顧客組織内ではまだ潜在的なニーズについてキーパーソンと共有するタイミングが必要になることがほとんどです。

したがって、「誰がキーパーソンなのか」という情報を押さえる必要が出てきます。
また、キーパーソンに「いつ情報が伝えられるか」というタイミングも知っておかなければなりません。

スキル詳細は、「商品を導入する際に発生するフローを把握し、各意思決定の場に影響力を持つ人物を把握できる」となります。

キーパーソンと言っても一人ではないことが多いです。そのため、決裁フローの要所要所でのキーパーソンを把握しておく必要があります。

評価基準は、「提案した施策を導入するにあたり、過去に似た課題の解決を目指した案件が通過した際のフローをヒアリングするなどして、具体的な決裁フローやキーパーソン（決裁する人・稟議《りんぎ》を上げる中心人物・現場作業者・プラス、マイナス問わず発言力が強い人など）を把握できているかどうか」としています。

営業レベル2においては、顧客の目標を確認したうえで目標と現状からギャップを抽出し、自覚的な課題と潜在的な真因について合意し、真因解決のために商品が役に立つという流れで商談を進めてきました。

よって、私たちの提案を商談相手が社内で起案すること自体に問題がなければ、商談相手の起案がそのまま通ることも多くあります。

私たちからの提案について、とてもいい提案だと思うが商談相手にとって自分が社内に持ち込むには役割上違和感がある場合は、次の商談者（他部署の方など）を紹介いただけることがほとんどです。

商談相手が社内に持ち込む際に、権限上の問題がある場合は上位レイヤー（上司など）との次回商談がセットされる場合もあります。

明らかに、商談相手として不適切な場合においては、こちらから商談相手の変更を試みますが、私としては「時間をもらったこの目の前の商談相手の温度感をいかに高められるか」に集中するべきだと考えます。

したがって必ずしもキーパーソンに会うことは求めていません。もちろん対面で時間をいただくこともありますが、対面が必須ではないのです。

トレーニング方法は、『ロープレ実施中に商談相手の温度感が上がってきている前提で、過去に似た課題の解決を目指した案件が通過した際のフローをヒアリングする』を実際に実施し、スムーズに各キーパーソンを聞き出せるか確認」としています。

モノグサで営業に求めていることは、過去に同様の案件が通過した際のフローを顧客にヒアリングして、おのおののキーパーソンにどのように情報が伝わっていくか、またどのタイミングで意思決定されるかを把握することです。

モノグサでは、それをとても大事にしています。

営業レベル
2の17
スキル名
受注までのプロセスを具体的に握れる

営業レベル2の最後は、「受注までのプロセスを具体的に握れる」です。

スキル詳細は、「商品を導入するうえで必要な各意思決定フローをいつ通過するか、具体的な日程について商談相手と共通認識を持てる」となっています。

評価基準は、「商品を導入するうえで必要な各意思決定フローをいつ通過するか概要を把握し、ネクストステップとなる会議の具体的な日取りと、そこに向けてこちらが作業する宿題を確定させることができているか」です。

営業レベル２の16で把握した施策導入の意思決定フローについて、次の意思決定の機会が発生するステップが実施される具体的な日付を、商談相手と握れたかどうかということです。

またここまでで、現状課題の真因を解消するための提案を行っており、何らかの資料も提出しているはずです。

その資料を基本的には起案の際に回してもらうことになるわけですが、それだけでは施策採択の意思決定ができないこともあります。そのためには追加の資料などが必要になりますので、それを弊社がお手伝い可能な宿題として持ち帰っておくことが求められるわけです。

営業レベル２においても、意思決定者へのプレゼンを求められるケースがありますが、それをスキルとしては挙げていません。

というのは、意思決定者へのプレゼンの場が設定された段階で、先方社内で根回しが実行されニーズが顕在化しているか、根回しせずとも商談相手目線で意思決定者からの共感が得られる確信度が高い（つまり意思決定者のニーズはすでに顕在的であった）と想定できるため、営業レベル1で求められる商品説明のスキルで十分対応できるからです。

意思決定者へのヒアリングの必要はないということで、営業レベル2はこれで最後としています。

トレーニング方法は、「ロープレ実施中に商談相手の温度感が上がってきている前提で『過去そういった案件が通過した際のフローをヒアリングする』を実際に実施しスムーズに意思決定の各日程を聞き出せるか確認。また直近の具体的な日程および宿題ももらえるか確認」としています。

顧客自ら「ニーズに自覚的になる」ことの重要性

ここまで何度か述べてきたように、私たちは「営業レベル２」のスキルを最も重視しています。

なぜ大事にしているかと言うと、ただこちらから情報を一方的に伝えれば売れるような商品に対して、営業を張りつける必要はないと考えるからです。そのような商品に関しては、マーケティング手法を見直したり、宣伝文句や告知方法を変えたりすることが主な施策であるべきなのです。

さらに言うと、あらゆる商品が営業レベル１以下、理想を言えば営業レベル０のスキルで売れるようになることを目指していくべきだと考えているのですね。

とはいえ、まだ商品が生まれて間もない時期や、競合製品が存在しない未開拓の市場への挑戦においては、最初は、潜在的なニーズを顕在化させ、共感を獲得する営業が必要な段階がどうしてもあるわけです。

そのときに求められるのが営業レベル2なのです。

したがって、わざわざ営業を張りつけるからには、そこにニーズの顕在化余地が存在している想定であり、営業レベル2に達していてもらわないといけないケースが多いのです。

私たちが相対する商談相手は、多くの場合まだニーズに自覚的ではないのだという前提に立った際に、**私が営業レベル2を定義するために注力したことは、「顧客自らがニーズに自覚的になる」にはどうすればよいか**ということでした。

私が感じていたのは、課題とニーズは常に密接な関係にある、わかりやすく言い換えると、ニーズの顕在化は課題の指摘と捉えられやすいということでした。

課題の指摘を成立させるためにはお互いへの信頼が不可欠ですが、営業と顧客という関係で出会った初日に、お互いを信頼していることは100%あり得ないと想定していました。そうなると、**ニーズの顕在化作業は信頼してもいない相手からの課題の指摘になってしまい、完遂不可能である**と考えました。

信頼は徐々に獲得可能ですが、信頼がまだない前提であれば、営業に教えられたのではなく、「顧客が自分から気づいた・気づけた」ということがポイントになるのですね。

「潜在ニーズ」というからには、やはり顧客の中に元々存在していたものであって、私たちが何かを与えたわけではないのです。

顧客が自ら潜在ニーズに自覚的になったほうが、問題解決にも積極的になれますし、商談でも前のめりの姿勢になって話を聞いてくれます。

逆に営業が勝手にニーズを押しつけてきたという形になってしまうと、いったんは導入を考えても、どこかで「やっぱりやめた」ということになりかねません。

そこで、顧客に自覚的になってもらうためのステップを、私たちは非常に細かく設定しているのです。

営業レベル3 潜在的にもニーズが存在しない顧客との折衝

ここまで営業レベル0、営業レベル1、営業レベル2のスキルについて紹介してきました。

ここまでと違って、営業レベル3では、実行した場合に、短期的には自社商品販売や自社商品改善につながらないスキルが存在しますので、「なるべく営業レベル3を使わないようにする」という基本原則が私たちにはあります。

とはいえ、時と場合によって、私たちはもちろん、どのような会社でも、営業レベル3のスキルがないと乗り越えられない状況もあると考えています。

それは顕在的どころか、潜在的にもニーズがない状況です。

「ニーズがないのに売るな」という考え方も、もちろんあるでしょう。

私たちもそれに近い考え方でして、「砂漠で何の変哲もない砂を売る」ようなテクニックを磨けなどとはまったく思っていません。

ただ「自分たちの商品を広めることがよりよい社会を作っていくうえで役に立つ」という確信があり、だからこそミッションとして商品を販売していこうという場合には、営業レベル3を使うことがあります。

どういうことかと言えば、すでに市場でコモディティ化している商品とは違って、**世の中に出たばかりの商品は、市場にフィットしていない、つまり世の中で当たり前とされている水準と私たちが目指している水準に乖離が存在する段階がある**のです。

市場にフィットしていないということは、潜在的なニーズもあまりないような状態です。

しかし「時代が追いついた」という言い方もあるように、フィットする一歩手前という状態があります。

そのタイミングでは、私たちの将来に期待を抱いてもらいながら、実際の契約関係には至らずとも、将来的に商品を通して課題解決をご一緒するために、顧客との関係を構築しておくことが必要になってくる場合があるわけです。

そのためのテクニックとして営業レベル3のスキルを使うことは悪いことではなく、むしろ必要なことだと考えています。

ただ、私たちは営業レベル3をあまり重視していませんので、項目数も営業レベル2の半分以下となる8個しか用意していません。

それ以外にも、営業レベル2と違うところがあります。

営業レベル3に含まれるものは、元来コンサルタント的なスキルであり、即応性が重要である営業的なスキルとは異質なものも多く存在します。

これはつまり、商談の場で一人で解決できなくてもよいものが多いということです。自社に持ち帰って、社内の様々な人の知見を借りて解決できればよいということです。

むしろそのほうがよいのです。

営業レベル3のスキル群は、商談の場での即応性を強くは求めない設計になっており、持ち帰って提案に向けた準備を行う余地があります。ここでの営業の役割は、提案を商談の場に持ち込んで共感を獲得することであり、社内の様々な知見を借りることに引け目を感じる必要はありません。

なお、営業レベル3のスキルを身につければ、コンサルタントが駆使するようなクリティカルシンキングのスキルが身について、MECEな問題分析ができるようになるということではありません。

あくまで「営業としてのスキル」を定義しているということで、そこは留意しておいてください。

もう1つ補足しておくと、営業レベル2まではロープレを非常に重視していましたが、営業レベル3ではあまり重視していません。

評価方法についても、ロープレにおいて実施するのではなく、ケーススタディーのように、特定の顧客に対しての営業活動を評価する中で認定されるべきスキルだと考えています。

営業レベル	スキル名
3の1	顧客の組織体制を網羅的に把握する

営業レベル3の1は、「顧客の組織体制を網羅的に把握する」です。

なぜ顧客の組織体制を網羅的に把握しなければならないかについて、まず説明しておきます。

本章の「顧客のニーズの顕在化度合いによるレベル分け」ですでに述べたように、営業レベル3というのは、顧客の目標を引き上げることで現状とのギャップを生じさせ、そこからニーズを呼び起こすというやり方をするものです。

商談を進めて目の前の商談相手がニーズを感じたとしても、組織全体の目標が高まったわけではありません。営業活動がそこで終わってしまう可能性もあります。**組織全体の目標を引き上げることを考えると、顧客の組織を網羅的に把握する必要がどうしても出てきます。**組織内で誰がどんな役割を担っているのか、何について、誰がイニシアチブを握っているかといったことも知る必要があります。

とはいえ、簡単なことではありません。かなり難しいことです。

スキル詳細は、「顧客について、キーパーソンにとどまらずあらゆる部署・人物の状況を把握している」となります。

キーパーソンだけでは不充分で、実際に導入を進める際の推進者であるとか、逆に抵抗勢力になりそうな人なども押さえておくことが求められます。

評価基準は、「組織図を作成することができ、商品の意思決定フローを把握できているか」としています。

言葉にすればシンプルな内容です。ですが難しいのは、顧客には自社の組織図を営業に渡す理由も動機もありません。

重要なことは、どうすれば相手があなたに組織図を渡してくれるようになるのか、ということなのです。念のための補足ですが、当然ですが物理的な組織図の受け渡しは想定しておらず、組織図を共有し合える関係性構築を意図しています。

トレーニング方法は、「対面の商談相手の課題解決に伴走する中で、先方の期待値を超えることで信頼関係を構築し、顧客の組織構造を把握する」としています。

ポイントは、課題解決です。

目の前の商談相手の課題解決（これは組織の目標とは別の話です）に伴走することが必要なのです。

そして宿題をもらって、それに対して期待値を上回る回答を最低でも2回しておくことが必須です。最低2回期待値を超えることができれば、組織図を渡してくれるだけの信頼関係が築けることでしょう。

なお、「2回」は私の経験則で設定している回数であり、信頼する、信頼しないの個人差は必ず存在しますので、あくまで目安として意識してください。本当に期待値を超えたかどうかは、相手の反応を見るしかありません。

課題解決につながる形で複数回期待値を上回る回答などをする中で、課題解決に伴走する許可を得ます。

目の前の商談相手の課題解決であったとしても、当然顧客組織内にて単独で活動するわけではなく、ステークホルダーを巻きこむことになりますから、特定の課題解決における意思決定構造の把握は可能になります。伴走する課題を徐々に大きくしていく中で、組織図も徐々に把握できるようになります。

ここで真に重要なのは、「課題解決に貢献している」ことです。言わずもがなですが、課題解決に貢献せず、例えば曲芸が上手といったようなことで期待値を超えても意味はありません。

営業レベル

3の2

スキル名

決裁者級のキーパーソンへ頻繁に提案できる

営業レベル3の2は、「決裁者級のキーパーソンへ頻繁に提案できる」です。

スキル詳細もほぼそのままで、「決裁者級のキーパーソンが提案先となっており、頻繁に提案するために訪問している」となります。

決裁者級のキーパーソンと仲よくなっていて、定期的に「アレについて教えてよ」と話してもらえる間柄になり始めていることが大事だということです。

評価基準は、「経営課題に関する情報提供が可能であり、決裁者の関心テーマについて会話できるか」としています。

決裁者級のキーパーソンと経営課題、つまり彼らが関心を持つテーマで会話できるかどうかということです。例えば「営業利益を上げるには……」といったように、重要な役職に就くビジネスパーソンであれば絶対に関心を持つ話をぶつけられるかどうかということです。

「営業レベル3ではロープレはあまり重視しない」と述べましたが、営業レベル3の2はロープレで経営課題に関する話ができるかどうかを評価しています。

トレーニング方法は、「扱う課題のレベルを上げていく中で、商談相手から進んで先方組織内の上位レイヤーを紹介される状態を実現する。それぞれのレイヤーに合ったレベルの課題を提案し続ける」としています。

モノグサの学校市場で言えば、校長先生や理事長が決裁者ですが、最初は英語科の主任に会うところから商談が始まる、といった感じになります。

そのような事情がありますから、まず営業レベル3の1で、担当者レベルの課題解決に伴走しているという関係性を作っておく必要があるのです。課題解決の伴走をする中で徐々に課題のレベルを上げていけば、上位レイヤーの役職者を紹介してくれるようになります。

課題のレベルを上げていくためには、その業界の意思決定構造に合わせて、組織のレイヤー別に、刺さりやすい提案を習得しておくことが重要です。

例えば、従業員教育という同じ市場であっても、特定業界の役員レイヤーはコンプライアンス浸透に関心があり、現場担当者は資格取得に関心がある、というケースが存在します。

役割が異なれば、関心事も変化して当然です。事前に想定した提案を実施しつつ、商談相手と伴走可能な課題解決に常に全力で取り組みながら、徐々に経営へのインパクトの大きな提案を行っていきます。

そうすると、相手は「これは社長マターだな」と考えて社長を紹介してくれる、という形になることもあります。

やや脱線したお話になりますが、**これまでの営業人生において私が大事にしているのは、常に目の前の商談相手の温度感を高める**ことです。長期的な視点に立てば、商談相手が先方社内において活躍し、より権限を得ていくお手伝いをすることを大切にしています　小手先のテクニックで上司の紹介をしてもらっても、大きな成果にはつながりません。今、目の前にいる商談相手を大切にできなければ何事も成就しないと考えてください。

こちらから「ご挨拶したいので、社長に会わせてくださいよ」とお願いするのではなく、あくまで相手が自ら進んで社長を紹介したくなるようにすることが肝心です。

信頼している人の望みには応えてあげたいという気持ちがあり、なおかつ「このレベルの内容は自分では判断しきれないな」と思って初めて、社長や本部長を紹介してくれるのです。

営業レベル3の2は、こちらが組織図・組織階層を把握していないと難しいことですので、その意味でも営業レベル3の1が生きてきます。

営業レベル

3の3

スキル名

顧客全体の短期〜数年単位での目標を握る

営業レベル3の3は、「顧客全体の短期〜数年単位での目標を握る」です。

スキル詳細は、「顧客の短期〜2、3年単位での目標（ありたい姿）について先方と共通認識が持てている」です。

営業レベル3のスキルが必要となる場面は、顧客に潜在ニーズさえない状態でした。

自社の商品採択につながるかは置いておいて、何らかの提案を実施するために、顧客の目標レベルを上げるのが営業レベル3ですが、本当に目指していない目標について合意してもまったく意味がないという前提において、今日・明日の目標を「真に顧客が目指しており、その目標と現状のギャップから新たな課題を認識し、その先に真因解決の余地を生み出すレベル」まで引き上げることは実質的に不可能です。

一方、数ヵ月で目標設定に変化がある、つまり顧客内でその目標が目指すべきものだと明確に位置づけられ、新たな目標と現状とのギャップを認識したうえで、目標達成に向けた自社の抱える課題に自覚的になれるようなテーマであれば、これは実は潜在ニーズがあったということになります。

そうなると、営業レベル2で十分です。

短期と言っても年単位、最低でも半年以上のスパンが必要です。例えば数ヵ月後に売上を2倍にするといった目標を掲げても難しいですが、10年後ならできそうだなという感覚になると思うのですね。

したがって、顧客とスパンの長い話ができるようになることも重要です。

評価基準は、「顧客のミッション・ビジョンを理解し、具体的に分解したうえで2〜3年単位での目標に落とし込めているか」としています。

例えば、モノグサであれば「記憶を日常に。」というミッションを掲げています。ミッションを文字通り認識していても、具体的な目標に落とし込むことはできません。

「記憶を日常に。」を具体的に言い換えると、「憶えることが誰にとってもできて当たり前の世界の実現」だとした場合、少なくとも「記憶にまつわる苦しさをゼロにしている」「世界中の人々が記憶は苦しくない行為と認識している」必要があるはずです。

この時点で、ミッションを2つに分解していますが、それぞれについて2〜3年で実現可能な目標を握ることになります。

このように、**ミッションを具体的に言い換え、成立のための条件を分解して捉えることで、具体的な目標に落とし込むことが容易になります。**

顧客によって、ビジョンと呼ぶか、ミッションと呼ぶかは違ってきますが、顧客が実現したい社会の姿や顧客自身のありたい姿、企業の存在意義といったところをまず理解する必要があります。

そのうえで、顧客のミッション・ビジョンを2～3年単位の目標に落とし込むことができなければなりません。

トレーニング方法は、「顧客全体のミッション・ビジョン（社是や建学の精神）に則して、長期的な未来に実現したい姿を具体的に握る。目標達成の難易度はどれだけ高くてもよいが目標自体の抽象度をできる限り下げ、先方と具体的なイメージを共有する（数字で語れると◎）」としています。

大きなポイントが「顧客全体」のミッション・ビジョン、というところです。商談で話をしている担当者のものでもないですし、決裁者のありたい姿でもないのです。あくまで、社是や建学の精神といった全体的なミッション・ビジョンに照らして会話をすることが求められます。

ミッション・ビジョンといったものは定量的であることは稀で、「あらゆるステークホルダーがみな幸せになる」といった抽象度の高い表現であることが普通です。

そのため、それをそのまま受け取っただけでは「握った」ことにはなりません。具体的にすることが必要になります。ですから2〜3年単位に落とし込むわけです。そのうえで、売上目標など定量的に数値化できるとなおよいということです。

何度も述べているように、営業レベル3では「目標を引き上げること」が1つのゴールです。

これは大変難しいことだと私は考えています。

重要な観点がありまして、そのうちの1つがここで述べている「ミッション・ビジョンと目標が接続している」ということなのです。

教育現場を例にして考えてみましょう。例えば建学の精神で「生徒に最良の教育を」と言っている学校があるとしましょう。その学校に「3年後の売上を3倍にしましょう」という目標を提案しても、相手の心に響かないでしょう。

ミッション・ビジョンとズレてしまっては駄目ということですね。

ミッション・ビジョンを正確に理解し、その実現に私たちもコミットしていくことを伝えないと、顧客の目標を高めていくことはできないのです。

もう1つ、目標を引き上げるうえでは、経営者の方々を含めて、顧客内の様々なステークホルダーに信頼してもらうことが必要なのですが、そのためには時間をかけることがどうしても必要になってくるのです。

「こちらが何に興味を持っているか」を伝えるためには、時間をかけるしかないのです。

時間は、誰であっても1日24時間しかないというきわめてフェアなコストです。そのコストのうちのどれだけを自分に使ってくれたかは、相手を動かす大きな力となり得るのです。だから「宿題に対して期待値を超えましょう」ということを言ってきたのですね。

これはとても重要なことなので、十分意識するようにしてください。

ちなみに、お金では駄目なのですね。お金の場合は「たまたま持っていたから」と思われがちなのです。

表現を変えてお伝えすると、金額換算可能なものは思ったほどの効果を生みません。金銭的な価値であれば、「その先の契約獲得で回収するのだろう」という想定がしやすいためだと考えています。

ミッション・ビジョンに関しても、それを理解し、実現を支援するために大量の時間を費やしたことが伝われば、相手から信頼されることになります。

またミッション・ビジョンは言葉が抽象的なことが多いだけに、理解がなかなか難しいところがあります。それをしっかりと理解していることは、「その理解をするために時間を費やしたのだな」と相手にわかってもらえる効果もあります。

営業レベル

3の4

スキル名

顧客全体の短期～数年単位での目標を達成するうえで解決する必要があるギャップを握る

営業レベル3の4は、「顧客全体の短期～数年単位での目標を達成するうえで解決する必要があるギャップを握る」です。

スキル詳細は、「顧客の短期～2、3年単位での目標（ありたい姿）達成に向けて解決するべきギャップについて共通認識を持てている」となります。

構造的には営業レベル2と同じで、目標と現状のギャップがあって、それを解決しないといけないのですが、**「数年単位」ということが営業レベル3ではポイント**になっています。

評価基準は、「目標に対する現状の正確な把握と先方の中期計画内容の把握ができており、計画の蓋然性《がいぜんせい》について会話できているか」としています。

ここで重要なことは、**顧客がどのような3～5年ほどの中期計画を立てているかをまず知る**ことです。それなくして2、3年単位での提案は不可能です。

もう1つ重要なのは、「計画の蓋然性」がどの程度か、ということです。**過去に作成された中期計画と現在を比べた際に、計画と実行の一致度合いを確認**してください。

社会は常に変化していますし、予測も困難ですので、計画通りということは少ないかもしれません。

どの組織も全力で計画実現を目指しているはずですので、達成有無で何かを評価することはないのですが、その中でも計画の立て方の傾向は読み取れるはずです。既存事業の数値目標の達成の仕方や新規事業の打ち出し方など、過去の情報と現在を比較することで、保守的な設定がされやすいか、野心的か、などの社風を読み取れることもあるはずです。

中期計画の目標と現状に継続的にズレがある場合には、「計画を何が何でも達成するぞ」という方向に社内でコミュニケーションが取れていない可能性も出てきます。その場合には「本当に実現したいことは何でしょう？」と追加の確認が必要になってきます。

トレーニング方法は、「顧客全体のミッション・ビジョン（社是や建学の精神）に則して長期的な未来に実現したい姿を具体的に握る。そこからの山下り方式で現状から数年後までに起こり得る（起こっている）ギャップを洗い出す。ギャップ特定に関しては自社内や外部の力を借りてよく、営業は顧客と『これがギャップだ』と共通認識を持つことに注力する」としています。

周囲の力は借りてよい前提ですが、大まかな流れとしては、まずは顧客の中期計画を確認することから始まります。

上場企業であれば公開情報ですが、未上場であれば非公開であることが多いです。ここまでの営業レベル３のスキルによって顧客との信頼関係がなければ、情報取得自体難しいでしょう。

中期計画を、現状の数値進捗が確認可能な単位で、大まかな施策別に分解します。どこまで分解するかは、こちらの提案の大きさ次第ではありますので、自組織内で、過去に営業レベル３での同じ顧客属性の顧客へのお手伝い事例などがあれば、その内容に粒度を合わせるとよいでしょう。

分解した目標とそれぞれの現状の定量値を比較する中で、ギャップを特定していきます。

営業レベル３においては、商談で解決してしまうのではなく、社内に持ち帰って様々な関係者の力を借りてよいとすでに述べました。このトレーニング方法はその１つの例となっています。

営業レベル

3の5

スキル名

顧客全体の短期〜数年単位で解決する必要があるそれぞれのギャップが生まれる真因を把握する

営業レベル3の5は、「顧客全体の短期〜数年単位で解決する必要があるそれぞれのギャップが生まれる真因を把握する」です。

中期計画通りか、計画とは別に真に実現したい目標があるかに関わらず、将来的に達成したい目標があるわけで、目標があるからには現状とのギャップが必ずあります。

そのギャップが生まれている真因を探る必要があるのは、営業レベル3においても営業レベル2と同様です。

スキル詳細は、「顧客の短期〜2、3年単位で解決するべき真因について、それぞれの真因を具体的に把握できている」となります。

評価基準は、「ギャップが発生する真因について仮説を構築できており、先方からの合意を得ているか」としています。

トレーニング方法は、「目標を達成するうえで、数年後までに起こり得る（起こっている）ギャップはどのような先方の状態に起因して発生してしまうのかについて、自身で仮説を持ち、先方とコミュニケーションを取る中で真因を把握する」としています。

大変難しいのは、これが未来の話ということです。現在の話をしてはいけないのですね。

現在の話をしていて、短期的な目標を大幅に引き上げたとしても、実行可能性は乏しく、それでは真に顧客の目標を引き上げたとは言えません。

未来の話は、仮の話です。したがって、リアリティーのある仮説を構築できるかどうかがポイントになってきます。

リアリティーを上げるために、例えば仮説の質的向上を目的として市場調査を行うなど、できることは無限に存在します。

ただし、私たち営業は無限に時間を有しておりませんし、少なくとも弊社においては営業レベル1、営業レベル2で対応可能な案件にリソースを割くべきだと意思決定しています。

そのため、営業レベル3に多くの時間は使えないと考えています。

その中で、共感獲得に重きを置いたリアリティーを上げる方法として、**「過去と現在の比較」「目標の分解粒度」**について補足しておきます。

まず「過去と現在の比較」について説明しましょう。

未来の話に共感してもらうために営業が取れる手法として、「過去にも起きている」ということを伝えるのが正攻法だと考えています。

理想は、当該企業が3年前に掲げた目標を現在未達であった場合に、その構造と照らして、これから先の未来の仮説をお伝えすることです。

当該企業内にいい事例がない場合には、同じ顧客属性の過去と現在をお伝えするケースもあります。

過去と比較することで、これから先に起きることの確信度を高める共感獲得方法です。

もう一方の「目標の分解粒度」についてお伝えします。営業レベル3の4にて目標の分解工程をお伝えした通り、どこまで分解するかは営業の提案方針次第ですが、リアリティーを高めることだけを目的にするならば、細かくすればするほどリアリティーが増します。

副作用として、各論では間違った仮説を構築してしまうリスクもありますが、間違っていても、顧客に対する営業の熱量はしっかりと伝わりますので、リアリティーを高めたい場合は、重要な目標については、あえてやや細かめに分解しておくことが共感獲得上は重要と言えるでしょう。

繰り返しになりますが、営業レベル3は営業だけでできなくてもかまいません。もし仮説が作れないということであれば、社内外の知恵を借りて仮説を作り、提案だけは自分で行けばよいのです。

貴社で営業スキル検定を作るときに、コンサル的な能力も営業スキルに含めたいということであれば、それはそれでよいです。

ただし、私がスキルとして重要視しているのは、「顧客の共感を獲得する対面スキル」なので、顧客と信頼関係ができてさえいれば、何もかも自分一人でする必要はないと思っています。

むしろ、みんなの知見を借りて総力戦に持ち込むほうが、よい結果になると考えています。

営業レベル

3の6

スキル名

真因解決へ伴走する許可を得る（真因解決全体において、自社商品による貢献以外に明確に役割を任されている）

営業レベル3の6は、「真因解決へ伴走する許可を得る（真因解決全体において、自社商品による貢献以外に明確に役割を任されている）」です。

自社商品によって真因解決をすることに合意が取れているのであれば、これは営業レベル2を用いているということになります。

一方、営業レベル3においては、自社商品の購入はないが、プロジェクト全体の推進を任されているといったケースもあり得るということですね。その場合には、自社商品以外についてもしっかり提案できることが必要になってきます。

スキル詳細は、「数年単位の改革プロセスの中で、自社商品提供にとどまらない役割を先方から明確に与えられている」になります。

評価基準は、「数年単位のプロジェクトが発足されており、自社商品以外の解決方法も含めて進行を任せられているか」としています。

まずは数年単位のプロジェクトが発足していることが条件になります。モノグサの対象顧客である教育現場の場合は、高校で「進路実績を向上させよう」というプロジェクトが発足されるのであれば、入学から卒業まで3年がかりのプロジェクトとなります。

企業であれば「営業生産性を上げよう」などのプロジェクトになると思われますが、とにかく目標を決めて、数年単位で達成しようというプロジェクトが進んでいることが必要です。

数年単位でないと目標を引き上げるのは困難ですので、ある程度長いスパンのプロジェクトであることが求められます。そして、そのプロジェクトでは自社商品以外のものも解決方法として採用されていて（自社商品が採用されていないケースさえあり得ます）、それらも含めて進行を任されていることが肝心です。

トレーニング方法は、「真因の解決に向けて、こちらから提案を行うことを先方から求められている状態を構築する。そこに達するまでに小さな真因解決を通して先方の期待値を超え続けることで信頼関係を構築する必要あり（他社の施策も含めて、取りまとめをして進行する担当になれれば◎）」としています。

「真因の解決に向けて提案を行うこと」を顧客から求められることが重要です。

では、そのような状態になるために何が大切なのでしょうか。

それは「小さな真因解決」を繰り返すということです。開発を伴うような工数のかかるものではなく、自分自身の余力で対応可能な小規模な問題解決をし続けることが信頼につながります。

小さくとも「真因」解決ですから、顧客が自覚していなかった事象についてアプローチをすることになります。

私の経験であれば、前職のカーセンサーの広告営業時代には、顧客の新車店舗のオリジナルノベルティ作成のお手伝い、スタディサプリ時代には校長がスカウトしたい先生のための住宅探しなど、私が販売したいものにまったく関係はないが顧客の課題解決につながる活動を実施していました。

小さな真因解決でも期待値を超えなければなりませんが、大事なのは「真因解決をしたい」という合意が取れていて、それに対して自身が提案できる関係性ができていることです。

これが「真因解決への伴走を許可」されている状態です。このような関係性を構築するために意外と重要なのが、自社商品以外の解決方法も提案することなのですね。

「この営業は、自分たちのことをすごく親身になって考えてくれているな」と思ってもらうには、２つの方法があると私は思っています。１つは先ほど述べた、ミッション・ビジョンの理解に時間をかけて、その実現にコミットしていることです。

もう1つが、自社商品以外についてもよりよい使い方を押さえていて、顧客に適切なアドバイスや支援ができることです。

これは顧客から見ると、「自社商品の販売」ではなく、あくまでも「顧客の課題解決・真因解消」に軸足があることが伝わるからです。

営業ですから、もちろん自社商品を売りたいはずです。しかし、それはゴールではありません。目指すべきゴールは、あくまで顧客や商談相手の目標達成です。他社商品を積極的に提案することで、その姿勢がより鮮明になります。

そのためには、競合商品であっても、その競合先よりも上手に説明できるぐらいの知識が必要ですし、様々な商品、場合によっては外部リソースを組み合わせた運用についても的確に話ができることが必要になってきます。

こうした提案が可能であれば、そのこと自体が顧客の期待値を超えているでしょうし、トレーニング方法で括弧書きで記述していた「他社の施策も含めて、取りまとめをして進行する担当」にもなれるのです。

営業レベル
3の7
スキル名
自社商品に限定せず、真因解決の伴走を行う

営業レベル3の7は、「自社商品に限定せず、真因解決の伴走を行う」です。

スキル詳細は、「与えられた役割に沿い、自社商品に限定しない真因解決策を提示し、KPIなどを設定して、真因解決のためのプロジェクトの開始イメージが持てている」となります。

伴走許可をもらっただけでなく、実際にプロジェクト化されており、そのプロジェクトへの参加と実行が始まっているということですね。言い換えると、その際に与えられた役割に沿って、自社商品に限定しない真因解消策を提示し、顧客と営業自身の間で真因解決策のためのプロジェクトについて、そのゴールやKPIなどの合意ができているということです。

営業レベル3の6で実現できる状態との差分の1つは、「解決のために関わる真因の規模が大きい」ということです。

営業レベル3の6では小さな真因解決を繰り返しますが、小さい真因はおおよそ短期間で解決可能であり、大げさにプロジェクト化することはないでしょう。一方で、小さいからこそ、真因解決へ伴走する許可を得ていない状態でもトライすることができます。

対して、**営業レベル3の7では真因のサイズが大きく、顧客の中でも重要な課題であるケースを想定しています。だからこそ、プロジェクト化が必要**になるわけです。

評価基準は、「真因解決策について、各種KPIが設定され、モニタリングが開始されているか」としています。

単発の真因解決策を実施するだけではなく、KPIを設定して、モニタリングされていることが重要だということです。そういった要素が満たされていないようであれば、プロジェクト化したとは言えないでしょう。

開始当初から完璧なKPIを設定できることはまずありませんので、運用してからKPIを変更することはあり得ます。

過去にも同様の真因を解決した経験があれば、要所となる数値をＫＰＩに設定することが可能ですが、初めてであれば難しいはずです。**適切なＫＰＩ設定方法があるとすれば、まずは設定し、細かく進捗をモニタリングする中で早期に修正をすることだけ**です。

営業レベル３を実行しているケースでは、自社商品を利用していないことが多く、モニタリングは顧客自身が実施することが多いでしょう。ただし、定例会議を細かく設定するなど情報同期を常に行い、直近のＫＰＩ達成に向けて問題があると感じた際は早期にコミュニケーションを取ります。

大事なことは、**自社商品であるかどうかに関わらずＫＰＩを提示できていることと、ＫＰＩを営業と顧客との間で握っている**ということです。

他社も巻き込んで真因解決を遂行していくことができるのが理想的ですが、その中でも特にＫＰＩについては必ず営業が関与している必要があります。目標を引き上げることが営業レベル３の目的であるとしたときに、目標達成までを分解した存在であるＫＰＩに関わる役割を得ずに目標設定に関与することは不可能です。

それを実現するためには、営業のほうから先行して打ち手を提示し、仮説ベースでかまわないのでＫＰＩも設定しましょう。他社商品を使う場合でも、私たちから先に提案するべきで、その際のＫＰＩも私たちから提示するのです。

これは「スキル」というよりは「知識」となりますが、当該業界において、顧客と同じ顧客属性を支援している主たるプレイヤーについては、直接の競合を含めて情報は記憶しておきます。

競合商品は、利用している顧客にヒアリングをする中で情報収集したうえで、競合の営業になったつもりで、営業レベル２の内容を整備することで対応します。

協力関係になりうる企業・商品については、こちらから連絡を取り、情報交換をしたうえで、競合商品と同様に当該商品における営業レベル２の内容を整備します。

積極性を見せることも重要ですが、何よりも重要なのは、**他社が入ってくる前にプロジェクトを発足しておく**ことです。

そしてＫＰＩを設定し、モニタリングに関与する。これは主導権を握るという意味もありますが、顧客の目標を徐々に引き上げていくための支援をするという意味でも必要なことなのです。

トレーニング方法は、「真因解決のための必要施策を自社商品・他社商品問わず打ち手として提示できる。他社も巻き込み真因解決を遂行し、スケジュールやＫＰＩを握った状態で顧客へ伴走する」としています。

営業レベル	スキル名
3の8	提案が実際に実施されている

営業レベル3の最後は、「提案が実際に実施されている」です。

スキル詳細は、「上記フローで準備をした施策が一部でも開始されている」となります。

評価基準は、「ＫＰＩが設定され、モニタリングが開始されているか」としています。

真因解決の相談をされている段階で、伴走はスタートしています。営業レベル3の8では「提案した内容が実際に実施されているか」を問うています。

ここで大事なのは、ＫＰＩが設定されていて、それをしっかりとモニタリングする運用がされていることです。

トレーニング方法は、「定めたスケジュールに沿って必要なタスクを処理し、施策が問題なく開始されるように努める」としています。顧客内の施策実施のスケジュールを守るために、こちらが支援するスタンスが重要だと考えているのです。

トレーニングとして社内で運用する際は、営業レベル3を実行する重要顧客について、自社商品に直接関わらない課題解決に伴走することに関して自社組織内で合意を取ったうえで、スケジュール案を社内共有する中で実現可能性についてフィードバックを受けます。

短期的には、自社の売上に貢献しない可能性もある行動ですので、自社組織内での合意はとても重要です。

他者からフィードバックを受けることで、実現可能性についてできる限り高めたうえで、顧客に対してスケジュールに即した施策実行のための働きかけをします。

スケジュールとＫＰＩはこちらから提示しましょう。保守的な設計にしてプロジェクト進行自体の不確実性を減らしたうえで、ＫＰＩは少し高めに設定することを意識します。

そもそも営業レベル３の目的が目標の引き上げであるため、スケジュール、ＫＰＩ設定についても常に高めを意識して臨むべきだと考えます。

スケジュールやＫＰＩを、関係者の誰にとっても正しくなるように提示することは非常に難しいです。実際には途中から修正されていくことが多いのですが、こちらから先行して投げかけを行っていきましょう。

こちらから先行して投げかけを行うことで、必ずしも私たちの原案通りにならないとしても、プロジェクト推進における役割は引き続き任せてもらえることが多くなるからです。

その後のお話になりますが、営業レベル３の８のスキルを有し、提案が実際に実施されている状態が実現したとします。

はたから見れば、顧客のためとはいえ、自社に短期的メリットのない中で自分自身のリソース含めて一定の投資を行っている状態です。この状況を肯定できるケースは大きく分けて2つあります。

1つ目は、顧客との信頼関係を構築することで、商品がアップデートされるまでの時間を稼ぐことができるケースです。この場合は、商品のアップデートについての見通しが必要です。

もう1つは、伴走する中で、KPI修正と共に目標の引き上げ可能性があり、目標の引き上げによって新たに発生する課題についての真因解決は、自社商品で可能なケースです。

新規商品開発の必要性がないという意味では、こちらが営業レベル3としての王道となります。

顧客の課題解決に伴走しつつ、**目標をどこまで引き上げられるのか、引き上げた際にどんな課題が自覚され、どんな真因に自社商品を提案する想定なのかは常に意識**するようにしましょう。

私としては肯定できないのですが、ありがちなケースは、「こんなに手伝ってくれているから、本当はその商品自体は必要としていないが買うよ」といった形で営業成果を創出するものです。

顧客にニーズがない場合に加えて、有力な競合がいる場合において、営業自身の問題解決能力を付加価値にして販売するということは多く存在するはずです。いわゆる「コンサルティング営業」です。私がこの営業スタイルを肯定しきれない理由は後述します。

様々な論点は存在しますが、営業レベル3を有していれば、ニーズが潜在的にも存在しない状況においても、顧客への営業活動と共感獲得が可能になります。

「目標の引き上げ」によって「合法的な課題創造」を行う

営業レベル3では、顧客組織全体の目標を引き上げることで新たなギャップを生み出し、それによってニーズを作り出すことを目指してきました。

ただ、実際に目標を引き上げることはとても難しいことです。

そもそも「**なぜ外部の人間に、自分たちの目標を引き上げられないといけないのか」という抵抗感**があります。

そこで大事なのは、「目標を引き上げるのにふさわしい方」、すなわち決裁者レベルのキーパーソンにアクセスしていることです。

これを実現するためには、**まず目の前の商談相手との関係性を良好にする**ことが必要です。いきなり「社長を紹介してください」ではなくて、「この課題は、私のレベルではないな」と先方に自覚的になってもらい、自ら決裁者につないでくれるようにするのです。

そのためには、目の前の商談相手との信頼関係が必要になってきます。

次に、決裁者レベルのキーパーソンとは、当然ながら私たちを評価する方々です。その方々に評価してもらうためには、彼らの期待以上の対応をすることもまず重要ですが、それ以上に「この人はうちの会社のことを本気で考えてくれている」と思ってもらうことが重要になります。

そのためには、まずはミッション・ビジョンを本気で理解するために時間を使っていることを示しましょう。彼らが大切にしているものに対して、時間を割くということですね。

ミッション・ビジョンにコミットしていることを示すためには、自社商品に限らず、他社商品も提案していかなければなりません。そうすることで、自社商品を売りたいのではなく、顧客のミッション・ビジョン実現が自分たちのゴールであることを示すことができます。

こうした実直な行動を通して、信頼を獲得していきましょう。

もう1つ、重要なことがあります。短期の目標を変えることは困難なので、長期の目標について顧客と握っていくことです。

長期目標は具体的でないことが多いので、こちらから積極的に発言していき、具体的な目標に落とし込みます。さらに自社商品の導入スケジュールにとどまらず、他社商品も含めたプロジェクト全体のスケジュール進行をこちらで主導していきます。

そうすることで各種KPIの進行も任せてもらえるようになるのです。

私たちが営業レベル3を使うのは、無理やりニーズを作り出すことにより「砂漠で砂を売る」ようなアクロバティックな営業をするためではありません。

まだ市場にフィットしていない新商品が、市場にフィットするまでの時間を作り出すために、営業レベル3を使うのです。そのために信頼関係を構築し、長い時間軸を取ったプロジェクトを開始し、その推進を任せてもらうことを目指しているのですね。

したがって、営業レベル3は大変難しいことではあるのですが、「それができることを誇ろう」というのではありません。

営業レベル3を通じて、一刻も早く営業レベル2やそれ以下（営業レベル0、営業レベル1）のスキルで商品を売れるものにしていくことが重要です。

営業の種類別重要スキル

以上で、営業レベル0、営業レベル1、営業レベル2、営業レベル3の説明は終わります。

第1章で、営業の4タイプについて話をしました。マーケティング、御用聞き営業、コンサルティング営業、事業開発営業の4つでしたね。

ここからは、これらのタイプを踏まえたうえで、スキルとして私が重要だと考えていることについて述べます。

常に最重要なスキルは営業レベル1

ここまで、「モノグサでは営業レベル2を最重視しています」と再三述べてきました。また「最も高度なのは営業レベル3です」とお伝えしてきました。

意外に思われるかもしれませんが、**私が「営業レベルの中で最も重要」と思うのは、実は営業レベル1**なのです。

営業とは顧客ありきのもので、顧客が存在しなければ成立しません。当たり前のことですが、これはとても重要なことです。

そして、**顧客は自分たちの課題などについてきちんと考えておられます。そのような顧客に対して、つけ焼き刃で営業することは大変難しい**と思うのです。

また、営業レベル3を駆使して、自社商品から独立した立場で、競合商品まで含めて提案してくれて、プロジェクトの推進までしてくれることは顧客にとってありがたいことかもしれません。

しかし、それが「本来の営業の仕事なのか」というと、私としては疑問があります。

また実際に営業レベル3や営業レベル2を使うような案件は、営業全体の割合から見ると実は少ないのです。

基本的には顧客は自社の課題について常に考えていて、ニーズも把握しているのですが、それを解決できるものがあることを知らないケースのほうがずっと多いのですね。**営業からの情報提供が適切であれば、顧客に適切な意思決定をしてもらえることが多い**ということです。

したがって、「商品情報を正しく伝えられる」ことを目指した営業レベル1のスキルを使う機会が最も多く、だからこそ営業にとって営業レベル1は最も重要だと考えています。

その際に必要な心がけは、「あなたの魅力よりもプロダクトの魅力」ということです。営業の人間的な魅力にも価値はあると思うのですが、それ以上に大事なのは商品の魅力なのです。

「商品の話はあとでするとして、まずは課題を聞かせてください」といったスタイルを取る営業が多いように見受けられますが、それはよくないと思うのですね。まったく無駄なものを開発が作っているということはあり得ません。

ですから、商品の魅力を１００％伝えられるトークが構築できているか、またそれを伝える十分な時間をもらえるかに注力することをまず意識してほしいのです。

営業レベル１の中でも私がダントツに重視しているのは、すでに述べたように、営業レベル１の６の「無駄な言葉を入れずに話を展開できる」です。

自分の会話をしっかりコントロールすることは非常に難しく、できているつもりで、ほとんどの人ができていません。営業レベル１の６のトレーニング方法を実践してみたら、みなさんもそのことを痛感するはずです。

また、「あのー」「えっと」といったひげ言葉を使わないトレーニングをすることで、自分が何を話そうとしているかについて意識的になることもできます。

例えば「30分間自社商品について滔々《とうとう》と語れますか」「その長さの営業トークを完璧に暗記していますか」と聞かれて、それを実践できている営業組織はほとんど見たことがありません。

仮に営業トークを暗記しているとして、今度は「ひげ言葉なしでしゃべれますか」と聞くと、たいていはできていません。

たかが営業レベル1とあなどるのではなく、一言一句たがわず、想定通りに話せる「筋力」を身につけてほしいのです。

貴社独自の評価基準で営業スキル検定を構築いただくことが理想ではありつつも、特に営業レベル1の6に関しては、Q&Aも含めて、身につくまでぜひとも取り組んでいただきたいと思っています。

事業開発営業に欠かせない営業レベル2

営業レベル1が最重要だと解説しましたが、商品情報を正確に伝える、すなわち情報の非対称性を埋めるだけで売れる商品なんてあまりないのではないか、と思う方は多いと思います。

そもそも「そんな商品に営業を張りつける必要はあるのか」という疑問を持つ方も多いでしょう。

確かに営業レベル1は、先方よりお問い合わせのあったインバウンド型の顧客対応をする販売員に有効なスキルとも言えます。例えば「クリスマスにケーキを買うぞ」と店舗を訪れた顧客に「どれがおすすめですか？」と聞かれたときに、「こちらがおすすめですよ。こういう特徴があって、お子さんが喜ぶんです」と言えば、もう買ってもらえます。

しかし、「それって営業だっけ？　少なくともこちらから商談機会を獲得するアウトバウンド型の営業でそんなおいしい話はないよね」ということです。

「自分は何者で、こういう商品を扱っている」という説明もなしに顧客にヒアリングするのは大変失礼なことと考えますので、営業レベル1はやはりきっちり行える必要があります。

そのうえで、まだ商品が強くない段階では営業レベル2のスキルがとても役に立つことになります。

実際に営業が必要な場面では、顧客に時間を取ってもらって商品の説明をしても、「便利そうですね」とは言ってもらえますが、なかなか「使ってみたい」とはなりません。

そのような煮え切らない状態になりがちで、そういうときにこそ営業レベル2が役に立つということです。

営業レベル1と営業レベル2の根本的な違いは何だったでしょうか。

営業レベル1が顕在ニーズで、営業レベル2が潜在ニーズを想定しているというのが大きな違いでした。

何度もお伝えしていることですが、その潜在ニーズをこちらから当てにいくのではなく、顧客に自覚的に気づいてもらうことが重要だということなのですね。

顧客が自覚した瞬間に、営業レベル１で売れる状態になります。つまり営業レベル２のスキルは、営業レベル１で売れるようにするために発動しているということなのです。

だからこそ、顧客が真因を自覚するまで、おせっかいとも言えるぐらい細かくステップを刻んでいるのです。

営業スキル検定を作成する際には、組織が大切にしている活動からスキルを抽出します。

その中でも、特に大切だと考えるスキルについては、さらに言語化・細分化することで活動の再現性を高められないか、意識してください。

課題や真因を押さえればよいということではありません。顧客自身に真因を自覚してもらうことが重要なのです。そこをあらためて認識してほしいと思います。

また、営業レベル2では、目標、現状、ギャップ、課題、真因と順にきめ細かく明らかにしていき、顧客に潜在ニーズを自覚してもらいましたが、自分たちが提供する商品では充足できないニーズも当然出てきます。

ニーズが自社商品で充足できない場合に取る手段は2つあります。1つは自社商品から独立する方向、つまり営業レベル3に向かうことです。

もう1つは、充足できないニーズを自社商品に取り込んでいく、つまり事業開発に向かうことです。自社商品の機能に近いニーズであったり、自社のミッション・ビジョンに照らし合わせると開発すべき機能だということであれば、そのニーズを満たす機能を自社商品に取り込むということですね。

顧客の潜在ニーズと私たちの事業が向かうべき方向性の一致度合い次第ということですが、一致度合いが高いということであれば、積極的に自社商品に取り入れていけばよいのです。

そうすることで自社商品が営業レベル1で売れることが多くなっていくわけで、自社商品では充足できないが事業との距離が近いニーズについては、社内に組織的にフィードバックしてほしいと思うのです。

コンサルティング営業に欠かせない営業レベル3

コンサルティング営業というのは、営業レベル1とは正反対で、「プロダクトの魅力よりあなたの魅力で売る」というやり方です。営業レベル2を続けていても埒《らち》があかないとなった際、「自分」を付加価値として、とにかく取引関係だけは持ちたいというときには必要なスキルだと考えています。

営業レベル3、つまりコンサルティング営業で行うのは、「商品からは独立した信頼獲得をする」ということなのですが、そもそもその必要性があるかと問われた場合、結局は自社のミッション・ビジョンと長い目で見たとき接続できるかどうかが判断基準ではないかと思います。

例えばモノグサでは「記憶ということを日常化したい。教育の領域で言えば、英語や社会科にとどまらず、数学についても記憶として扱えるようになりたい」と考えています。

そこに到達するまでに時間はかかるかもしれませんが、ミッション・ビジョンである限り、実現したいと思っています。

そうなると長期的な視野で、数学に関しては現段階では契約関係にはならないけれども、数学に関するプロジェクトに関わる中で時間を稼ぐということも必要になってきます。

今この瞬間はプロダクトを通して課題解決には貢献できないけれども、いつかは私たちのミッション・ビジョンの実現と共に、数学についてもプロダクトで貢献できる日が来る。そのために信頼関係を構築して、プロジェクトの推進を一緒にさせてもらううちに、私たちのプロダクトも改良され、営業レベル2で解決できる課題も見出していく。

このように確信できるのであれば、営業レベル3を使うことも必要だと思います。また、長期的なミッション・ビジョンと言っても、今の売上がなければ会社は続かないので、そういったときに営業レベル3を使うこともやむなしと考えます。

とはいえ、モノグサでは原則として営業レベル3は禁じ手にしています。乱用は問題があると思うのですね。

営業レベル3には、営業にとって不思議な魅力があります。営業としては「プロダクトで売れる」よりも「自分の魅力で売れる」のであれば、これほど嬉しいことはないのです。

高いレベルのスキルを使いこなさないといけないということは、それだけ難しい商品を売っているということであり、それは営業としては大変な誇りとなります。

誇りを持つのはよいことなのですが、**「そうやって売ることは、本当は顧客にとっては迷惑なのではないか」という感覚を持つ**ことも重要だと考えるのですね。

だからこそ、**顧客のミッション・ビジョンと接続可能で、なおかつ私たちのミッション・ビジョンとも接続すると思われるケースでのみ、時間稼ぎとして営業レベル3を使うのならやむなし**と考えています。

営業レベル3を使えば使うほど、商品からの独立性が高まってしまい、「プロダクトそのもの」ではなく「営業個人」に信頼が蓄積されることになります。

「営業個人」の人生には重要なことかもしれませんが、事業やプロダクトが改良されることで社会をよくしていくことにはつながりません。

もし「営業個人」の魅力や信頼を蓄積していくことのほうが重要というのであれば、プロダクトやサービスを販売する営業ではなく、自分自身の問題解決能力を商品とするコンサルタントに転身するべきでしょう。

営業である以上、共感獲得をして何らかの商品を販売することになります。**商品から独立して、個人の魅力で信頼を獲得して売上につなげることは、時として顧客の迷惑になるということを、営業力の高い人ほど自覚するべき**だと考えています。

第3章

営業スキル検定の作り方

営業レベル0の作り方

本章では、営業スキル検定の作り方について解説します。ここまで何度も申し上げているように、第2章で紹介した「営業スキル検定」はあくまでモノグサのものであり、モノグサがターゲットとする業界や市場に特化したものです。

また、モノグサでは「事業開発営業」という営業タイプを採用していますので、営業レベル2を最重視しています。これは営業レベル2を最もきめ細かく、丁寧に作っているということに他なりません。

貴社のターゲットとする業界や市場、あるいは採用する営業タイプによって貴社の営業スキル検定の内容は変わってきます。

貴社独自の営業スキル検定を作成しなければなりません。

本章では、その方法をお伝えしていきます。

それでは、さっそく営業レベル0から説明していきましょう。

業界・業種の普通を収集する

営業レベル0は、ほとんどビジネスマナーと言ってよいものですが、プロのマナー講師から見たら、モノグサで設定している営業レベル0のスキルでは物足りないと感じるかもしれません。

またマナー研修を売る営業や、一流ホテル、高級レストランなど、マナーにこだわりのある業種では、本書でお伝えしたスキルの定義では物足りないでしょう。これらの業界であれば、営業レベル0はもっときめ細かいものとなるはずです。

ここでお伝えしたいのは、モノグサでは営業レベル0は9項目でしたが、貴社はもっと多くの項目が必要かもしれませんし、場合によってはもっと少なくてもかまわないかもしれません、ということです。

項目それぞれの内容はもちろん、項目数も、貴社がターゲットとする業界や市場によって変わってきますし、どう設定するかは貴社の自由です。

ただマナーにこだわりのある業種は別として、**営業レベル0の作成において一般的に言えることは、「普通」を意識し、「普通」と思われることをスキルとして収集するのがよい**ということです。

マナーにこだわりがあるのなら平均以上の点数をもらうことが必要かもしれませんが、それ以外では普通のことができていれば十分です。

例えば、高級ブティックであれば「とてもおしゃれなお召し物でいらっしゃいますね」といった一言が大切なのかもしれません。しかし一般的な営業であれば、これは無駄な一言だと私は思うのですね。

普通であることとは、相手に変だと意識されないことだと思うのですが、そういった「業界・業種の普通」を項目として集めることが大切です。

スーツ着用は必須か

考えやすい例は、スーツ着用ではないかと思います。貴社の営業組織ではスーツ着用が必須でしょうか。

これはモノグサ社内でもときおり議論になることです。**少なくとも私は、いかに暑い日であっても、業務中は100％スーツを着て、ネクタイも着用しています。**

その理由は、**いついかなるときに、誰と会っても、営業として普通でいられるからです。**「今日はカジュアルな格好ですみません」とか「何だか堅苦しくて恐縮です」などと、いちいち理由を説明する必要がないわけです。

高級なスーツやオーダーメイドのスーツにこだわっているわけではありません。せいぜい「しわくちゃになっていない」ことが重要で、相手からは「普通のスーツをきちっと着ているな」と思われれば十分です。

ただし、それはモノグサの市場が教育や従業員教育の業界であり、法人相手だから「スーツが普通」ということであって、貴社はどうなのかを考えてほしいのですね。

様々なマナーを考えるうえで、スーツ着用が必須かどうかは、1つの指標になるのではないかと思います。

私は真夏でも普通のスーツですが、貴社はクールビズでよいのかもしれません。それどころか、もっとカジュアルな格好でもよいかもしれません。ファッション業界の営業であれば、夏はアロハシャツと短パンでもいい、その代わり安物は駄目ということもあるでしょう。

大切なのは、顧客の視点で自分たちの営業の「普通」とは何だろうかを考えることです。

そのはじめに、まず服装について考えてみるのがよいと思うのですね。

スキルをコントロールできることの重要性

本書で何度もお伝えしていることですが、営業スキル検定の作成においては「絶対的な正解」はありません。ですから営業レベル0だけでなく、スキルの各項目については、貴社の要求に合わせて自由に設定してもらえればよいのです。

ただし大事なのは、**各スキルをコントロールできる、つまり仮に評価基準が変わっても、いつでも対応可能である状態を実現する**ということなのです。

営業レベル0の項目に関しては、意識しないとできないことは少ないです。例えば、モノグサの営業レベル0の項目の中で、営業レベル0の5「商談相手を不快にしないよう身なりを整えられる」などは、意識を向けて、意図を持って準備を行う面はありますが、ロープレ中や商談中に都度意識してコントロールする度合いは低いです。

しかし「ペンを回してしまう」といった癖に近いことは、意識しないとやってしまうこともあると思うのですね。

スキルには絶対的な正解も存在しにくいため、その場その場に合わせて柔軟に対応できることが重要です。

「ペンを回してしまう」ことに営業として本質的な問題があるのかはわかりませんが、それを不快に思う人がいた場合に、自身の行動をコントロールし、その行動を止めることができるか、が重要であるということです。

ロープレしてチェックすることの意義として、自身の行動をコントロールできているか確認できるというものがあります。他者の評価を通じて、自身が無意識に行ってしまう言動に意識を向けて、それを修正する中で行動をコントロールできるようになっていきます。

営業レベル0のスキルとして設定したくなる内容では、逆にロープレに重きを置かない項目も増えるかもしれません。

弊社では営業レベル0の9「テキストコミュニケーションができる」などについては、ロープレとしてはチェックしておらず、それは「言えばわかる」「商談中のような即応性が求められにくく周囲が支援しやすい」といった面があるからだと考えています。

こういうものであれば、それこそメールでもビジネスチャットでも何でもよいので、文章をチェックすればよいと思っています。

営業レベル0で評価するスキルを確定する

貧乏ゆすりのように、指摘されて初めて気づくものや、他人に評価してもらわないとわからないものについては、あらかじめ評価基準に入れておくのがよいかと思います。

自然な笑顔を作るといったことでも、他人に見てもらわないとわからないので、ロープレを重視しています。

一方でスーツ着用などというのは、言えばわかることであり、難しいことではありません。そういったものは、実際の商談にどのように向かっているかは重要ですが、ロープレ内であえて取り上げなくてもよい場合が多いでしょう。

「どのようなスキルを評価するか」「営業スキル検定として、ロープレではどの内容を評価するか」を決めていくことが、営業スキル検定策定の肝です。

営業レベル1の作り方

続いて、営業レベル1の作り方です。営業レベル1は「ニーズに自覚的だが購買行動を開始していない顧客との折衝」に必要なスキルでした。

「売り手と買い手との間にある商品情報の非対称性を埋められれば売れる」という状況で必要とされるスキルの集まりです。

要するに商品について的確に説明できればよいということですが、言うほど簡単ではなく、いくつかポイントがあります。

20分トークを整備する

営業レベル1を作るときに最初にやるべきは、「20分トーク」を整備することではないかと思っています。

20分トークとは、商談相手からさえぎられないことを前提に、一方的に商品を説明させてもらえれば、ちょうど20分で完結するトークスクリプトです。

まずは、20分トークを商品ごとに用意することが必須だと私たちは考えています。

20分トークを作るにあたって大事なのは、それが**口語体である**ことです。

一般的に営業トークは、文章にしたものをそのまま展開している組織が多いと思います。しかし、それでは実際の商談では絶対に必要になる「つなぎ言葉」が入らないことになります。

「えー」「あのー」といったひげ言葉は不要ですが、「それで、ですね」といった話題を転換していることを伝えるためのつなぎ言葉は、やはり欲しいのです。そのほうが話し方としては自然だからです。

しかし文章で書かれたトークスクリプトでは、必要なつなぎ言葉が省略されていることが多いです。

そうなると、営業が自助努力でつなぎ言葉を入れるようになってしまいます。その結果として、不要なひげ言葉が多くなります。

また、不適切なつなぎ言葉を入れてしまったがために、つじつまを合わせようとして同じ内容を繰り返すなど、トークに乱れが生じてしまうのです。

モノグサではどうしているかと言うと、**とにかく下手でかまいませんので、まず20分トークを1本録りで録音**します。録音したものを文字起こしして、ひげ言葉、不要なつなぎ言葉は全部削除していきます。

一方、必要なつなぎ言葉は残しておきます。その状態のものを、そのまま一言一句たがわず丸暗記してもらいます。

それをまた録音して、不自然なところは直すということを繰り返すのです。

このプロセスを繰り返すことで、20分トークが完成します。

これはなかなか難しいことでして、モノグサの場合でも、営業スキル検定用の20分トークを1テイクでミスなく作れるのは私ぐらいです。

多い場合は7~8テイクかけて、担当者がトークを作っていくことになります。そのような過程を経て担当者が作成した20分トークは、他の人にも覚えやすく、実用的なものになります。

自然な口語体でありつつ、不要なつなぎ言葉が一切入っていない20分トークを用意する過程を、ぜひこだわって実践してほしいのです。

モノグサの20分トークは、７０００文字ぐらいあります。これを丸暗記して、営業現場に臨むわけです。

もっと上のレベルであれば、営業現場でのオリジナリティーも求められますが、営業レベル１であれば、20分トークをそのまま話せることが必須です。

必ずしも美しい文章である必要はありません。アナウンサーが読むニュースのように抜け漏れなく、必要十分な情報だけにする必要もありません。

例えて言うならば、博物館の音声ガイドのような無機質なものにならないことを心がけています。

生々しいつなぎ言葉が含まれることで、トークがなめらかになるという感覚です。

おそらくみなさまが想像している以上に、モノグサではこの20分トーク制作、特に20分１本録りにこだわっています。

みなさまにも、そういうトークをぜひ作っていただきたいと思います。

Q&Aを用意する

20分トークに加えて、Q&Aをあらかじめ用意することも重要です。Q&Aを用意していない営業組織はないと思うので、すでに用意してあるものを整理して、それにどんどん項目をつけ加えていってください。

モノグサの場合ですと、20分トークをしたあとに5〜10分ほどQ&Aの時間を設け、そのままトライアルの提案をして、合意にまで持っていくことを目標にしています。

ですから、限られた時間内で、持ち帰ることなく質疑応答をすることがとても重要なのです。

ポイントは、**質問を分類しておく**ことです。

大別すると、質問には「なぜこんなに安いのですか?」といったポジティブなものと、「なぜこんなに高いのですか?」といったネガティブなものがあります。さらに、ポジティブ、ネガティブのどちらにも該当しない、ニュートラルな質問もあります。「端末の推奨環境は？」といった質問です。

Q&Aを整理する際には、**その質問がポジティブなのか、ネガティブなのか、あるいはニュートラルなのかをきっちり定義する**ようにしましょう。

そのうえでポジティブな質問に関しては、追加返答を確実に用意しておいたほうがよいです。

質問があるということは、商談相手が自《みずか》ら情報の非対称性を埋めようとしているということですから、営業レベル１においてはとてもいい兆しと言えます。

特に**ポジティブな質問というのは、「（営業が）自社商品を褒めてもよい」という許可を顧客からもらった**のと同じことです。よって、ポジティブな質問については追加返答まで用意しておくことが重要になるのです。

例えば「Monoxerは音声も記憶させることができるのですか？」と聞かれた場合、Monoxerにはその機能がありますので、「はい」と答えるのが返答としては適切です。

しかし、音源がなくてもテキストを用意すれば、それをＡＩが自動的に読み上げて記憶させる機能もMonoxerにはあります。「音声を記憶させることができるのか」という質問の裏には、「音源をどうやって調達するか」という疑問も隠れているわけですから、自動読み上げ機能についても説明してよいのです。

このような対応ができるよう準備をしておくのが、ポジティブな質問に対しては追加返答も用意しておくということです。

したがって営業スキル検定の項目の中にも、「ポジティブな質問についてあらかじめ追加返答が用意されているか」ということを入れてもよいのです。

逆にネガティブな質問の場合にはどうすればよいでしょうか。「どうしてこんなに高いのですか？」「本当にそんなに成績が上がるのですか？」といった質問は、ネガティブですが、ある意味「的を射た嫌な質問」とも言えます。

そのような質問に対しては、素直な回答をするのがよいと考えます。素直と言っても、「はい。高いです」と答えればよいということではありません。これも「**情報の非対称性を埋めるチャンス**」と思えばよいのです。

私は「**根本確認と論点整理**」と呼んでいますが、**ネガティブな質問をされた際には、なぜその質問をしたのかを確認し、こちらから結論は言わないが論点だけは整理しておく**のが肝要です。

例えば、商談相手が価格を気にしているのであれば、「それは費用対効果を問題にされているということでしょうか？」というふうに、「何が質問の根本にあるのか」を確認します。相手が「費用対効果が気になっています」と言うのであれば、価格そのものの話ではなく、費用対効果の話に移ればよいのです。

しかし費用対効果と言っても、単にコストの話だけではないかもしれません。「どれぐらい時間がかかるのか」とか、「導入時における社員の労力はどうなのか」といった内容も含んでいる場合が多いでしょう。

そのあたりも根本としてしっかり確認することが大事です。

大切なのは、価格の高さについて聞いてくる「根本的」な背景は何だろうということですね。それについてしっかり握れるようにすることが肝心なのです。

そのうえで、商談相手が比較検討する際に重要な論点になりそうなことについては、こちらから能動的に整理するのがよいでしょう。

費用対効果の追求であれば、先ほどの時間対効果の話や導入時にかかる労力の話の他にも、保守や運用にかかるコストや時間といった論点もあります。

このような論点になりそうなもの（もしくは過去の似たような商談で論点になったもの）**をあらかじめ整理しておいて、ヒアリングシートとしてまとめておきましょう。**単にQ&Aを作っておくだけではなく、こういったヒアリングシートを、特にネガティブな質問に対して用意しておいてください。

もう1つ重要なことがあります。実際の商談において、営業がその場で完全な回答をできない質問に対しては、できる限り回答してから持ち帰るということです。基本的なスタンスとして、想定される質問はすべてQ&Aに入れているわけですから、わからない質問は想定外だということになります。誰かが想定外の質問をされた場合には、それを持ち帰ってQ&Aに加えていき、想定外の質問を組織的に減らしていくことが必要です。

ただし「わからないので持ち帰ります」とすぐに返答するのではなく、「できる限り回答する」というスタンスは持ち合わせてほしいのです。そのスタンスを持ったうえで、どうしても回答が難しい場合は、いいかげんな答えをするような無理はせずに持ち帰ります。

営業が持ち帰った質問をどう運用するかは、組織のルールとして決めておきましょう。

20分トーク＋Q＆Aで30分のロープレ整備

モノグサの場合、20分トークとQ＆Aで合計30分のロープレをセットすることが多いです。業界によっては、合わせて1時間は絶対に必要ということもあるかもしれません。逆に30分などとんでもない、10分～15分で済むこともあるでしょう。

ただ、**20分間ぶっ通しで一方的に話すというのは、とてもいいトレーニングになりますので、これに関しては各社の都合はいったん置いておき、20分トーク＋Q＆Aの30分版を作っておく**ことをおすすめします。

30分版をきちんと作っておけば、そこから時間を短くすることは難しくありませんし、逆に1時間の商談時間をもらえるような業界であれば、30分版を2つ組み合わせると考えればよいわけです。

これでロープレの準備は完了です。

営業スキル検定に際しては、顧客の属性を何パターンか用意しておきます。そして各パターンごとによく聞かれることや、このタイミングでこのようなポジティブ質問またはネガティブ質問が来るといったシナリオも用意しておくのです。

そして**営業スキル検定のときには、どのパターンで実施するかをくじ引きで決めます**（くじを引くのは検定受検者です。内容は確認せず評価者、顧客役に渡します）。

顧客ペルソナなど設定として複数パターンを用意して、ロープレ内で利用する設定はくじ引きで決める、という方法をモノグサでは採用しています。

ロープレは、評価する側の時間も含めて非常にコストのかかる行為です。それだけの価値があるとは思いますが、あらゆる設定を網羅的にロープレすることは費用対効果として見合わないと考えています。

トレーニングとしてはすべてのパターンに対応できるようにするわけですが、ロ

ープレとしてはくじ引きで１パターンを行うという形を取ることで、コストをおさえつつ様々なシチュエーションへの対応が可能になります。

このような体制にすることで「トークをしっかり覚えて話せているか」「Q＆Aについて適切に覚えて答えているか」「持ち帰るべきところは持ち帰れているか」など、それぞれの観点について、様々なシチュエーションで対応できるのかがチェックできるというわけです。

もちろん顧客属性が１種類しか想定できないのであれば、ロープレにおいて、くじ引きをする必要はありません。

営業スキル検定の運用面のおもしろさを考えると、こういうくじ引きのようなやり方もあるということです。

営業レベル１で評価するスキルを確定する

営業レベル１でも営業レベル０と同じく、評価するスキルを確定することが大事です。

モノグサと同じように「あのー」「えっと」などというひげ言葉は原則として使わないのか、別に使ってもよいとするのかは、組織によって自由に決めてもらってかまいません。

営業レベル1は、営業だけではなく販売員の方々にも求められるスキルだと思います。営業レベル1では、まだ購買の意思決定はされていないが、顧客がニーズに自覚的である想定です。家電量販店や自動車ディーラーに来店した段階（家電、自動車を欲しいとは思っているが、購買の決断はしていない）などをイメージするとわかりやすいかもしれません。

ニーズは間違いなく存在するが、しっかり情報提供しないと購買行動に移らない可能性があります。

営業レベル1の作成では、このような状況に際して、プロダクトが市場にフィットしている前提で、商品情報を適切に伝えるためのスキルを集めていただきたいのです。

図９　営業レベル１の作り方

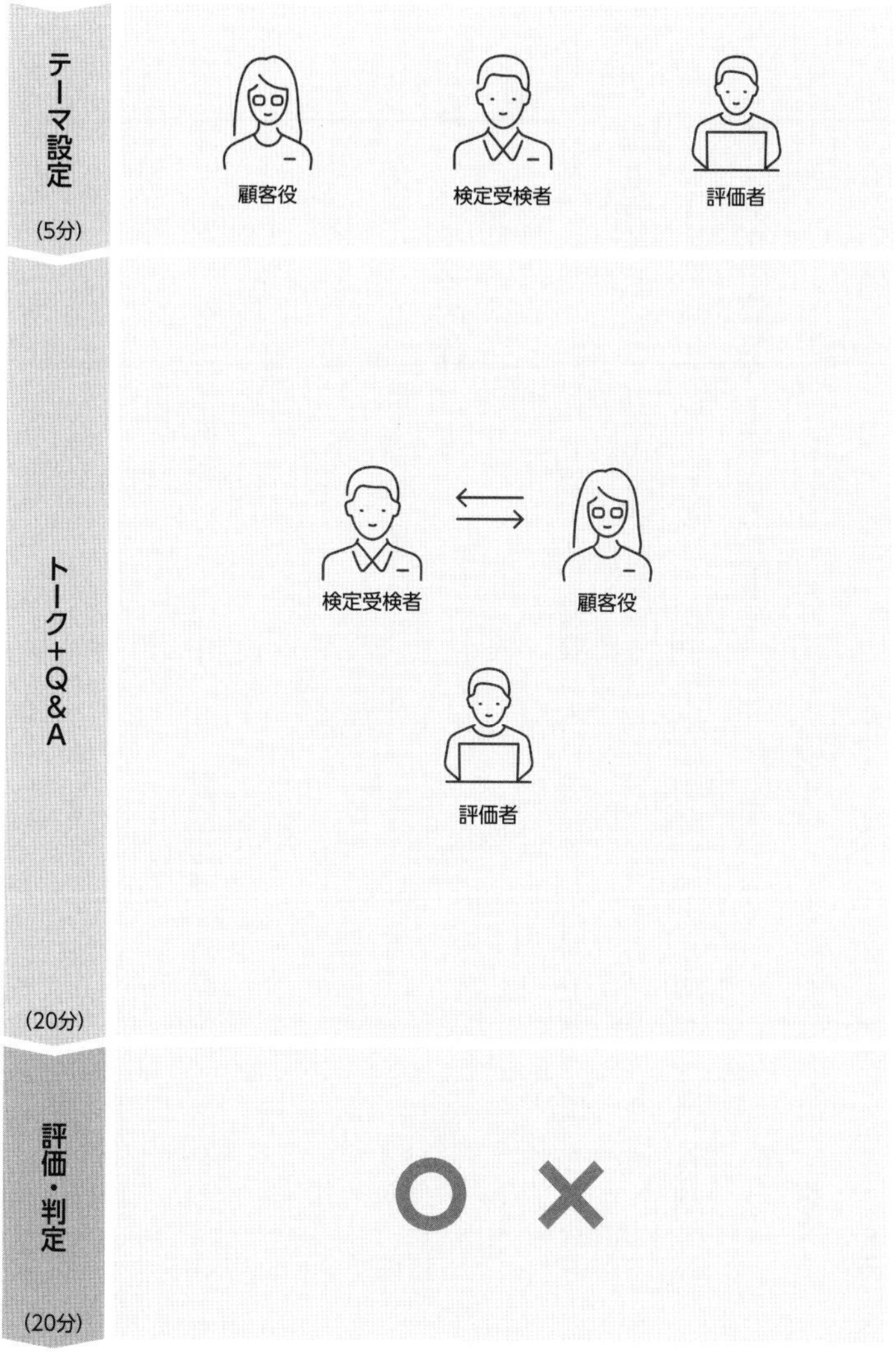

商品の複雑性が高かったり、高価な商品の場合のほうがより威力を発揮すると思われますので、そのような商品が主力の場合にはもっときめ細かい設定が必要になるでしょう。

まずはモノグサの項目を参考にしていただき、貴社の商品特性や市場に合わせてカスタマイズしてください。

営業レベル2の作り方

続いて営業レベル2の作り方です。**営業レベル2においてはヒアリングシートが必須となりますが、**そもそもヒアリングシートを作ること自体が難しいと思います。

ここでいう**ヒアリングシートとは、ヒアリング項目が意図を持って並べられており、ヒアリングの流れが定義されたもの、**を想定しています。

ヒアリングシート作成において、ヒアリング項目やヒアリングの流れを定義することは必須ですが、ヒアリングシート内に記入欄を設けてヒアリングを容易にする、などは業界によるところだと考えています。

モノグサでは、必ずメモを取ってよいかを確認したうえで、膝の上にヒアリングシート、ノートを置いてメモを取るようにしています。それがマナーとしてもよいのではないかと考えているためです。

この状況であれば、ヒアリングシートは顧客の目に触れませんので、流れが明記されていたり、記入欄などがあったりしても問題ありません。

つまり、**目の前にヒアリングシートがあるということですから、丸暗記も不要**です。

ここで注意していただきたいのは、みなさんが相対している市場ではどのようにメモを取ることが推奨されているか、ということです。

モノグサでは、膝の上でメモ、つまりメモ内容を顧客に見せないことをよしとしていますが、あえて顧客にメモ内容を見せることが有効な市場もあるでしょう。しかしその場合には、「流れが完全に決まっていて、この人は上からその項目を埋めているだけなのだ」と思われないほうがいいケースも多いと想定します。

ヒアリングする以上、メモを取ることは必須に近い感覚ですが、「メモをどのように取るか」もぜひ業界に合わせて工夫してほしいところです。

とはいえ、最も強調したいのは、ヒアリングの流れまで意識したヒアリングシート自体がしっかり作られているかがまず重要だということです。そこでヒアリングシートの用意が第1のポイントになるのです。

ヒアリングシートを用意する

ヒアリングシートを作るうえでは、重要なポイントがいくつかあります。

その中で真っ先に挙げられるポイントが、**特定質問と拡大質問を適宜交えながら、特定質問については原則的にYesが返ってくるように組み立てる**ということです。

特定質問と拡大質問については第2章で説明しましたが、念のため、おさらいしておきましょう。Yes、Noで答えられるのが特定質問、具体的に何かを答えないといけないのが拡大質問です。

拡大質問だけでヒアリングが成立すればよいのですが、顧客からすると、「私はこういうことをやりたい」「私はこういうことに困っている」などと、ずっと具体的な回答をし続けることはストレスになります。

特定質問には、話の方向性をそろえる効果があります。例えば、「野菜はお好きですか」「野菜を多く取ることを意識していますか」と聞けば、野菜以外について話が発展する可能性は減るはずです。

このように、**質問には、その後の会話の流れに影響を与える性質がある**のだと理解したうえで、特定質問と拡大質問を適宜交えるのが現実的です。

特定質問の答えは、基本的にYesになるように誘導していくことがポイントです。

先ほどお伝えしたように、「特定質問には話の方向性をそろえる効果」がありますが、逆に捉えると、この後に会話可能な範囲を限定してしまう側面もあります。

Noをもらってしまうと、基本的には想定していた会話の流れをそのまま進めることが困難になるケースが多いので、特定質問とその後の会話の道筋はワンセットとして捉えて、その会話の道筋を進む前提でYesをもらうように設計をしてほしいのです。

YesとNoのどちらをもらっても、その後の会話の流れを同一にする手法もありますが、そういった場合に顧客からすると「結局、そういう結論に持っていきたいのね」と感じられてしまう可能性は高まります。

顧客に自分自身のニーズについて自覚的になっていただくための営業レベル2であり、ヒアリングですので、そもそも特定質問が増えすぎることは推奨しませんし、いざ使う場合はYesをもらう前提で設計することをおすすめします。

例えばモノグサは「記憶定着」の会社ですので、弊社の商談で顧客と目標について握る際には「生徒さんの成績向上をさせたいですか？」といったことをどこかで聞くようにしています（これは特定質問ですね）。

この質問に対して、顧客からNoと言われることはまずあり得ず（生徒の成績を向上させたいと思わない学校・塾は存在しないと考えます）、Yesと言ってもらいたくて質問しているのです。

これは一例で、それ以外でも特定質問をする場合は、すべてYesと回答してほしい箇所で行うようにしています。


もし貴社にとって営業レベル2のスキルが必要であって、それなのにヒアリングシートを作っていないのであれば、ぜひともすぐに作ってください。

その際には、特定質問に対してNoと言われるような箇所がないか、特定質問に対する返事が全部Yesで進んでいくかをチェックしてほしいのです。もしNoと言われそうな箇所があれば、聞く内容や聞き方を変えてください。

特定質問と拡大質問の割合については、私も正解は見つけられておりません。

特定質問だけを並べて、最後に「うちの商品が欲しいですか？」と聞いた際「はい」と答えてくれるなら楽なのですが、特定質問をずっと続けるのは尋問調になってしまいます。商談相手はそのストレスに耐えきれず、商談は途中で打ち切られてしまうでしょう。

そこで拡大質問を増やすことを考えるわけですが、拡大質問には1つ大きなデメリットがあります。よほど営業されるのが好きな相手でない限り、**拡大質問をすると回答のイニシアチブを商談相手に取られてしまう**のです。

それによって商談の設計が無茶苦茶なものになってしまうと、Monoxerを売りにいっているのに、最悪の場合、関係のない「たこ焼き器が欲しい」などと言われてしまうかもしれません。「生徒の勉強のために、紙と鉛筆が大量に欲しいんだ」と言われることもあり得ます。

拡大質問自体は、相手に話をしてもらうことで、商談相手から情報がもらえるという意味ではメリットがあるのです。それと裏腹に、商談相手の話がどちらへ拡散していくかわからないリスクもあります。

そこで拡散してしまわないように、特定質問を適宜交ぜることが重要になってくるわけです。

ヒアリングに際して意識してほしいのは、**特定質問か拡大質問かに関係なく、ヒアリング項目ごとにこちらからも情報提供をする**ことです。これは第2章でもお伝えしました。

ヒアリングは商談相手から情報を取るためにすることですが、一方的に情報を取ってばかりですと、そのうち情報を教えてもらいにくくなっていきます。

「こういった会社があるのですが、御社はどうですか？」「こういう会社が多いのですが、御社が気にされるのはどういう観点ですか？」というように、先に情報を提供してから、こちらが聞きたいことを聞いていきましょう。

情報提供しながらヒアリングすることによって、顧客からすると、情報を一方的に吸い取られる不快感が少なくなるだけではなく、「この粒度での回答を求められているのだ」という指針を理解することもできるため、スムーズなヒアリングにも協力してもらいやすくなります。

「こちらが情報を出して初めて先方も情報を出してくれる」という大原則を意識したうえで、ヒアリングシートにおけるヒアリング内容を定義するようにしましょう。

想定顧客像の整備

営業スキル検定の作成において、この先は、場合によっては別の進め方があるのですが、それは次節で補足することにして、まずは王道についてお話しします。

営業スキル検定に必要な顧客像整備において、最終的にはペルソナごとの「課題とそれにひもづく複数の真因のセット」が必要になるのですが、まず**行うべきことは「課題を特定すること」**です。

「課題を特定すること」とは、どういったことでしょうか。

まずは当たり前のことでいいので、顧客の目標を確認します。

「売上を上げたいですよね」とか「早く移動したいですよね」といった、「**自社商品が存在する**（**自社商品を顧客に提案する**）**のはこのためだ」という目標**が必ずあるはずなので、それをまず確認するのです。

そういった目標を先方が達成できておらず、それに対して自覚的な課題があるのであれば、それを聞き出します。

これが「課題の特定」ということです。

ここは私の考えでは、課題としての詳細さなどに、過度にこだわる必要はありません。それよりも、課題の特定のあとに行う真因の特定や解決策の確定、そして解決策の提案につなげていけることが大事です。

課題は顧客に聞いてもよいですし、よくある課題を整理して、営業からぶつけてみてもよいので、この段階では多くの課題を抽出することが重要です。

複数の課題を抽出したうえで、課題ごとに真因を特定していきます。

では、課題をいくつ抽出すればよいのでしょうか。

正解は存在しないのですが、私の経験則では1つのペルソナ（顧客像）に対して、顧客が抱えがちで自覚的な課題を5つ見つけ出すのは難しいことが多いです。

2〜3個であれば顧客が共通で持っている課題を抽出できるのですが、そのうえさらに2〜3個となると見つけにくいケースが出てきます。

私たちの解決策は、あらゆる課題に対応できるわけではないので、**1つのペルソ**

ナに対して5つ程度の課題抽出を目標にしておけば、重要な課題の抜け漏れは防げると考えています。

課題は、「顧客が自覚的であるもの」を抽出します。目標と現状の確認ができた時点でそこには必ずギャップと呼べるだけの差異があります。そのギャップが生まれる理由を尋ねる中で顧客が答えられる（＝自覚的な）内容を収集するようにします。

顧客に対して実際にヒアリングを実施すれば、営業スキル検定用の課題収集は比較的容易です。

一方、**真因は「顧客が自覚していないこと」**です。

課題と真因、この2つを取り違えないように注意してください。

実際の商談においては、たとえ顧客と営業の間で真因の合意があったとしても、営業レベル2が必要な場合には、それだけでは導入してもらえないことが多いです。「そのプロダクト、いいんだけど、でもね……」という障害があるのですね。

想定顧客像の整備において、課題・真因の定義に加えて、解決策提示後に発生する障害やその解消策についてもあわせて定義しておきましょう。

導入障害についても、市場によっていくつかパターンがあるはずですので、よくある障害とその解消実績をセットで収集する必要があります。

導入障害の解消策については、必ずスケジュールや運用面を含めて確定させましょう。

「絶対にこれが欲しい」と顧客が思った場合に、解消できない障害はほとんどないと私は考えています。「やっぱり値段が高い」「社員のモチベーションがない」「従業員が使ってくれないのではないか」といった障害であっても、必ず解決策はあるものです。

解決策から決める方法もある

現状があって、目標があります。組織によってまちまちでも、同じ領域・業界であればどの顧客でも共感できる目標があります。学校業界であれば「進路実績を向上させたい」といったものです。

そのような目標に対して、ありがちな課題を整理し、自覚されていない真因を捉えて、真因の解決策を自社商品とつなげ、運用も含めて提案します。

そこまで来ても、導入障害があって「でもね……」と言われることが多いので、その解消策のリストも用意しておきましょう、というのが前節の内容、すなわち「王道」です。

しかし王道では商談を進めるのが難しいケースもあるのです。

王道では難しいケースとは、課題の整理が意外と難しい場合です。課題を整理してみたが粒度がそろわなかったり、「これは果たして私たちが解決すべき課題なのだろうか」という疑問が出てきたりすることがあるのです。

その際にコンサル系の研修だと、例えば「Whyを軸に整理せよ」などと教えてくれます。しかし、そのようなフレームワークをもってしても課題を整理することが難しい、また、そのような整理ができる人材が社内にいないというのであれば、**先に解決策を決め打ちして、そこから課題を考える**という手があります。

「解決策とは実は自社商品ですよね。それを決め打ちしてしまって本当にいいんですか？」と疑問に思うかもしれません。

しかし考えてみれば、**私たちは自社商品を売りたくて、言い換えると、解決策を自社商品から独立させたくなくて、営業レベル2というものを作った**はずです。

自社商品を使った解決策は基本的に何パターンかあると思います。自社商品をこのように使ってもらうことが、私たちの商品の価値を最大限に体感いただく方法である、という運用方法や活用方法は定義可能なはずです。

そのような提案をまず作ってください。

そのうえで、「その提案は顧客のどの困りごとを解決できるのか」を洗い出していきます。その際には、商品開発チームにヒアリングしてもよいですし、営業組織内で聞き回ってもよいです。

そうすると、必ず自分たちが解決したいと考えている顧客の抱える不満のようなものがいろいろと出てきますので、次に「顧客が自覚的なものかどうか」という観点で整理してください。もし顧客が自覚的でないというのであれば、それが真因と思ってかまわないでしょう。

このようにお伝えすると、「考える順番はそんなやり方でよいのか」と疑問に思うかもしれません。

ここで、真因の必要十分条件についてお伝えしたいと思います。

私は、次のように整理しています。

①相手が無自覚であること
②特定の課題に明確にひもづくこと
③特定の解決策・提案につながること

これら3つを、真因の必要十分条件としています。

よって、**これら3つを満たすことができればよいのであって、「考える順番」は実はどうでもよい**のです。

解決策を決め打ちして、そこから考えるほうが易しいのであれば、最初はそれでかまわないと考えます。

営業スキル検定は、後述するように、自分自身の能力育成はもちろん、メンバーのマネジメントや後進の育成にも使えるものです。

そのため、最終的には誰もが営業スキル検定を作れるようになることを目指しています。その一歩目は、王道以外のやり方でもよいのです。

営業レベル1実施後の30分ヒアリングロープレ整備

現状想定される顧客像（ペルソナ）ごとに、課題とそれにひもづく複数の真因のセットをできれば5個程度用意してほしいとお伝えしました。

それに対して、様々な営業スキル検定要素を付加していくことになります。その際に、各営業のトレーニングの参考とするために、30分のヒアリングパートのロープレを、一通り完全に録音する必要があります。

実際の商談でもその時間配分で実行可能ですが、営業レベル2ではヒアリングに入る前に、営業レベル1で行う30分の商品説明ロープレを行います。そして、「ここまでいろいろとお伝えしてきましたが、少しヒアリングのお時間をいただけないでしょうか」などと前置きしてからヒアリングパートの30分に入っていく流れになります。

ロープレのヒアリングパートでやってほしいことは、**「想定顧客像くじ引き」**です。営業レベル1でも同様のくじ引きをしました。営業レベル1では、「顧客属性ごとに適切な商品説明ができているか」を検定するためにくじ引きをしました。

営業レベル2では複数の真因を抽出して、その優先順位をつけることが重要です。**想定顧客像が変わっても、商談で複数の真因の優先順位づけが確実にできるか**を検定するために、ロープレの際にくじ引きをします。

とは言うものの、最初は複数の想定顧客像を作ることは難しいかもしれません。その場合には、**「課題の組み合わせ方」をくじ引きする**方法もあります。

1つのペルソナにつき5種類ぐらいの課題を抽出してもらって、**「どの課題に、どれくらいの課題感を持っているか」**を%で表現します。例えば、特定の課題が10%とか、課題1と課題2が80%と20%、同じく50%と50%といった組み合わせのパターンをくじ引きで作っておきます。

このくじ引きを行ってから、ロープレに入るということです。このロープレで練習を積み重ねておけば、どのようなパターンでも対応できるようになります。

くじ引きの整備と同時に、ヒアリングパートのお手本となる録音音声の整備もします。

録音音声に関しては、営業レベル2全体の流れとして問題がないか、真因の優先順位を確定させるためのトークが入っているか、ヒアリングシートに沿って無理なく聞けているかなどがチェックできるものであればよいでしょう。

営業レベル2のヒアリングパートでは、前述したヒアリングシートがありますので、暗記に関しては営業レベル1ほど求めません。ヒアリングシートをカンニングペーパーのようにチェックしながら、商談ができるからですね。

ヒアリングパートのロープレに関しては、営業レベル1と連続して実施するのが理想ではあります。**実際の商談で1時間もらえたのであれば、まず営業レベル1の20分トーク＋Q&Aをやったあとに、商談後半に、営業レベル2のヒアリングに入ることが普通**だからです。

ヒアリング後の30分提案ロープレ整備

ヒアリングパートのロープレが終われば、提案パートのロープレに入っていきます。

ここでも想定顧客像くじ引きを整備します。その際に、想定顧客像ごとに導入障害も決めておきます。くじを引いた段階で、真因の割合（例：真因Aが80%、真因Bが20%）や導入障害（例：予算がない）についても決まるようにしておくわけです。

ただし、評価者にはわかるが、検定受検者には、どのような真因や導入障害を設定しているかわからないようにしておきます。加えて、真因の解決策および導入障害の解消策についての資料を用意しておきます。

ヒアリング後の**提案パートで使用する資料は、それぞれ1枚物として作っておく**ようにしましょう。冊子になっていると顧客の前でパラパラとめくることになり、効率よく提示することが難しくなるためです。1枚物を複数用意しておいて、必要なものを都度提示するのがコツです。

そして、提案パート30分のお手本音声の整備も必要です。

提案パートでは、営業レベル１的な要素が強くなります。ですから、ひげ言葉が入っていないかなど、営業レベル１の内容にも注意を払いながら提案パートを進めていきましょう。

営業トークを覚えているのであれば、それに沿って進められれば十分です。

ただし、提案パートでは１つ注意することがあります。**提案パートでは、ズレた提案をしたときに軌道修正が必要だ**ということです。「これが課題・真因だ」とこちらが考えたことの中に、先方にとっては重要度が高いものがないといったことがあるのです。

そのまま商談を進めると、見当違いの提案をして、「一発アウト」ということになりかねません。そのような事態を防ぐために、提案パートでヒアリングを追加することが必要です。

そのため、営業スキル検定でも、聞き直しのためのバッファーも含めたお手本音声を用意しておくことが大事なのです。

導入障害の解消策についても、くじ引きの段階で決めています。くじ引きで設定されている導入障害は、顧客から発言いただける内容ですから、営業が探り当てるという要素が強くはありません。

ですから、提案パートは比較的分岐の少ないパートだと思います。すんなり進まない場合は、真因の特定を誤っている、真因に適した提案を行えていないことが多いです。

真因の特定に誤りがなければ、対応した提案を間違わずに伝える中で「確かにいいけれど、でも……」という形でくじ引きで決まった導入障害が登場してきます。

ですから、定義したことをしっかり覚えておけば対応できるところが多く、営業レベル1に比較的近いパートだと言えます。

営業レベル2で評価するスキルを確定する

営業レベル2においても、営業レベル0、営業レベル1と同じく、評価するスキ

図10　営業レベル２の作り方

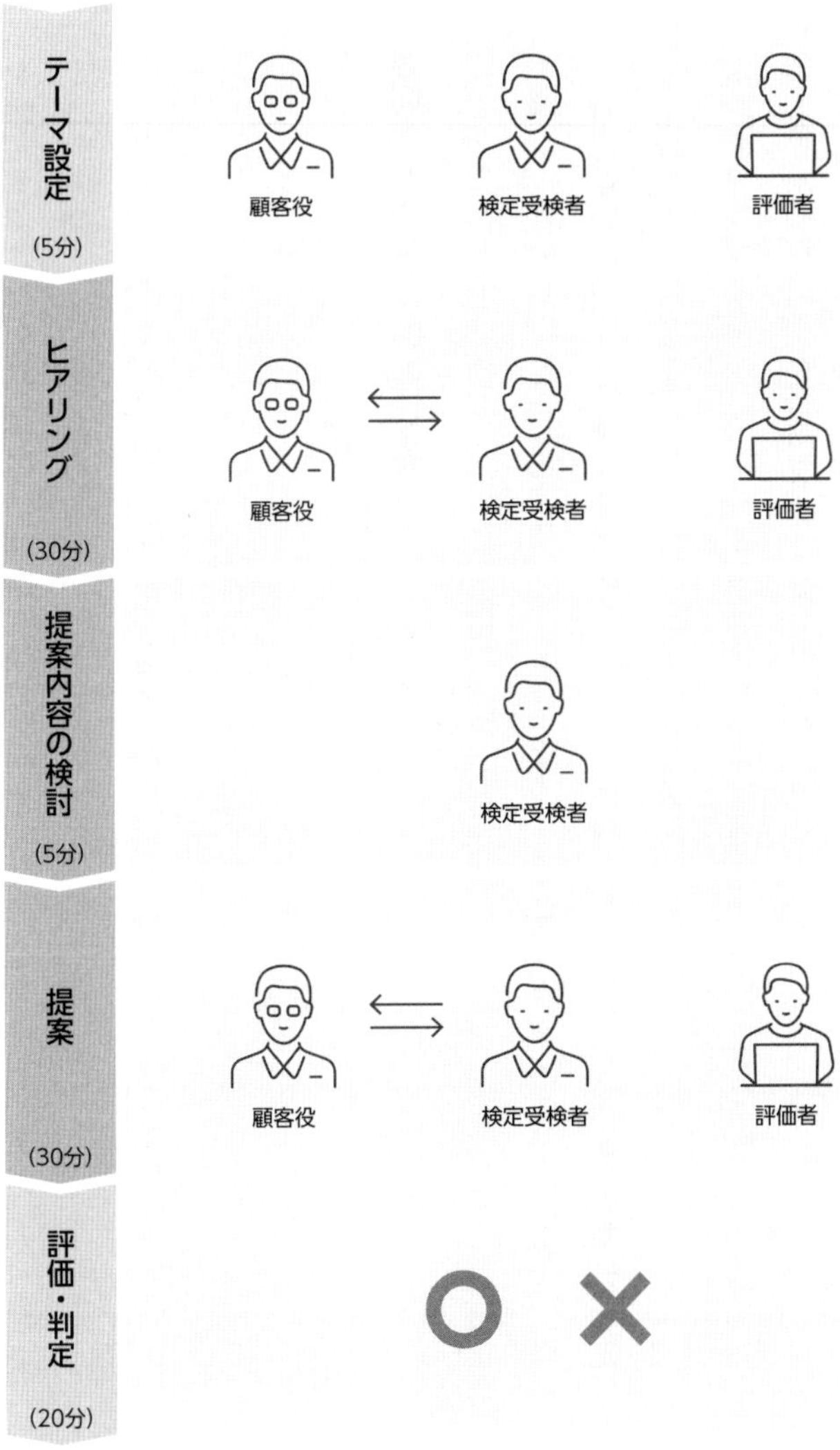

ルを確定することが重要です。モノグサでは営業レベル2をかなりきめ細かく設定していますが、そこまでやる必要はないという組織も多いでしょう。

そのあたりは第2章で紹介した評価基準を見ながら、考えてもらえればと思います。

営業レベル3の作り方

営業レベル3についてはあえて検定をせずとも、ケーススタディーや実地調査、つまり特定顧客について評価基準に達する状態を実現できているかを評価すること（顧客に自社の営業の評価を聞きに行くこと）でもよいと考えています。

実地調査をするほうがリーズナブルというケースも大変多く、ロープレを通した営業スキル検定にこだわらなくてもいいでしょう。

とはいえ、営業レベル3についても、営業スキル検定として運用したいという方も多いでしょうから、その場合の運用方法を説明していきます。

想定経営者像の整備

ここまでは、「想定顧客像」を整備しましたが、主に窓口担当者レイヤーのみを想定していました。

営業レベル3では、「想定経営者像」を整備する必要があります。その際に、経営者の逆鱗《げきりん》に触れてしまうポイントを明確に定義することが肝心です。すなわち、**経営者が不快に思う行動を取らないように、ロープレやケーススタディーで備えておこう**ということです。

ロープレの際には、想定経営者像もくじ引きにしておきます。例えば、「信念がない営業を嫌う」「意思決定においては、定量的なファクトのみを重視する」「本人の思想が強く、それにアジャストした提案を求める」など、くじで複数パターン用意しておきます。

それで、例えば「本人の思想が強く、それにアジャストした提案を求める決裁者」というくじを引いたとします。そういう人かどうかは話をするうちにわかるようになっているわけですが、もちろん検定受検者はわかりません。

そこを例えば「信念がない営業を嫌うタイプ」と読み違えたとします。

そうなると、検定受検者（営業側）は自分の主張を何とか押し通すことで、自分は信念のある人間であることを示そうとするわけです。しかし、経営者側は本人の思想にアジャストした提案しか認めないので、かみ合わなくなり、そこで「アウト」になるわけですね。

このような「経営者の逆鱗」を定義しておくことが、営業レベル3のロープレでは必要になってくるということです。

営業レベル3では、経営者と共に経営課題に向き合っていくことが必要です。業界の経営課題については、営業個人が商談の場で臨機応変に考えるものではありません。営業組織全体で、前もって考えておくべきものです。

また、営業レベル3の課題は、自社商品だけで解決できるものではありません。外部の研修会社を利用したり、究極的には競合製品の活用方法を提案する可能性もあります。

したがって、**営業組織全体で、業界特有であり、かつ自社商品だけでは解決できないが解決策の一部に含まれる、といった経営課題を5種類ぐらい、事前に用意しておく**のがよいでしょう。

窓口担当者とのロープレ整備

営業レベル3に特徴的なこととして、経営者のペルソナを整備するだけでなく、経営者を紹介してくれる**窓口担当者のペルソナ**も整備しておく必要があります。ロープレに、窓口担当者から経営者（もしくは意思決定者）を紹介してもらうパート、すなわち紹介パートがあるからです。

第2章で説明した通り、**窓口担当者では解決できない粒度の課題であることを嫌みなく伝えて、「それは私には決められない話なので、経営者にぜひ会ってくださ**

い」という言葉を引き出すことが、営業レベル3では求められます。
それができるようなお手本音声も必要になってくるわけです。

その際に、経営者（もしくは意思決定者）と窓口担当者の関係性もくじ引きに加えておくことが必要です。
例えば経営者との関係性において、窓口担当者が経営者に進言するタイプなのか、経営者からの意見を傾聴するタイプなのか。また窓口担当者として、リスクある施策に積極的か、あるいは安定的な施策を好むのかなども、営業をするうえで重要な観点となります。

モノグサでは、「進言×リスク許容」「傾聴×安定」などを定義したうえで、どのような条件を満たすと上司を紹介してくれるか、経営者との商談に同席した場合はどのような支援をしてくれるかなどをくじ引きで設定しています。

経営者とのロープレ整備

紹介パートのあとは、経営者との折衝パートです。経営者との折衝パートでは、経営課題くじ引きを用意して、「経営者が何にこだわっているのか」をきっちりと当てられるようになることを目指します。

営業レベル3で難しいことは、経営者のペルソナを初見で判断しないといけないということです。また、経営者と窓口担当者の関係性も把握しておかなければなりません。そのうえで経営課題も読み当てて、それにフィットする提案をしないといけません。

かなり難しいことが要求されていると思います。

紹介パートも折衝パートも、どちらも録音することが必要なのは、他の営業レベルと同じです。

営業レベル3で評価するスキルを確定する

営業レベル3の各スキルを有しているかの評価は、実際の顧客との営業の関係性から認定することもできます。顧客としっかりと信頼関係を構築できているかをロープレで判断するのは難しいですから、商談に同席する、提案資料を確認するなどの実地調査をして判断するのが確実でしょう。その際には、顧客からもらった宿題に対して、期待値を超える回答ができているかなどを聞くのがよいでしょう。

営業レベル3では項目ごとに、ロープレ、ケーススタディー、あるいは現地調査のどれで確認するかを定義することが必要です。

ここまで営業レベルごとに「営業スキル検定の作り方」を述べました。営業スキル検定を作るうえでは、本書で提示した例をまねするところから始めてもらうのが効率的だと思います。

図11　営業レベル3の作り方

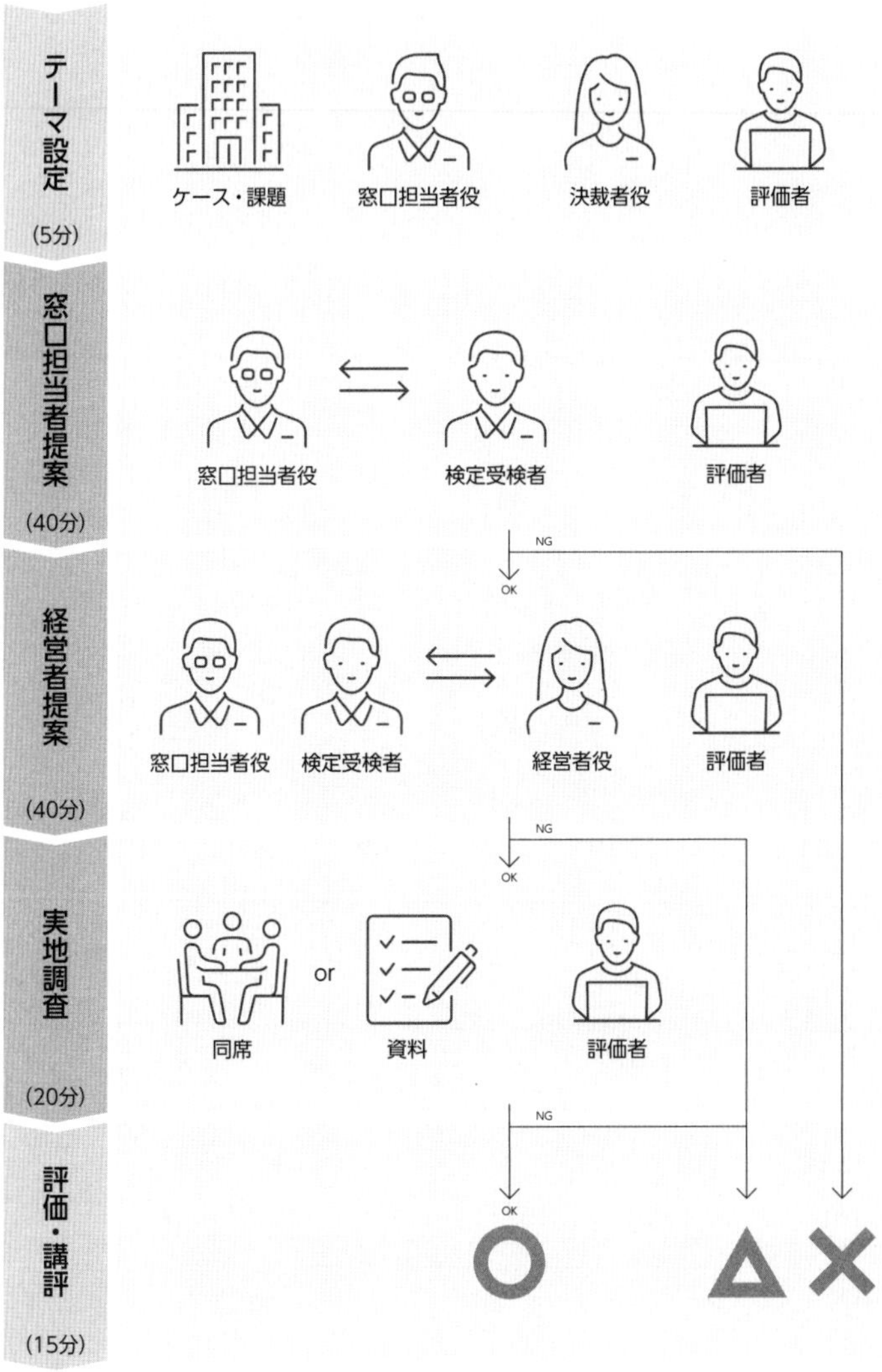

第4章
営業スキル検定を運用する

営業スキル検定の運用負担を減らし、継続しやすくする方法

本章では、営業スキル検定の運用について解説します。

第2章と第3章を読んで、「営業スキル検定を作るのも大変だけど、運用は正直もっと大変そうだ」と思われた方も多いのではないでしょうか。

実際大変です。営業のスキルに向き合っていく、などと言うのは簡単ですが、検定をすること自体も大変ですし、その後トレーニングを続けることも大変です。

営業スキル検定のスキルについてまとめてみたものの、その後の運用が続かないというケースも実際に多いのです。

私自身、前向きな気持ちで営業スキル検定を作ったのに、私がいなくなったら運用が終わってしまったということも前職ではありました。

そもそも、「そこまで労力をかけて営業を育てなければならないのか」「ＯＪＴだけでもよいのではないか」といった議論もあるでしょう。

しかしこの後の第5章で述べるような効果もありますので、私としてはぜひ営業

スキル検定に取り組んでほしいと考えています。

営業スキル検定の運用は大変ではありますが、そうは言いながらも楽しく、かつ負担を軽減して運用しやすくする方法もあります。

本章ではそのような方法に関するTIPSを紹介していきます。

対面実施かオンライン実施か

まず営業スキル検定は必ず対面で行うべきなのか、それともオンラインでもよいのかということから考えてみたいと思います。

対面で実施するとなると、評価者は必ずつき添わないといけませんし、場所を押さえる手間もかかります。

一方、オンラインであればそのような負担はありません。録画しておけば、評価はあとで評価者のデスクや自宅でも録画を視聴すればいいわけですから、それだけでかなり楽になります。

したがって、貴社の営業シーンが必ずしも対面でないと想定されるのであれば、営業スキル検定はオンラインで実施してもかまわないと考えます。実際モノグサでも、最近はオンラインで検定をすることが増えてきています。

ただし、営業レベル3は、経営者とのロープレやケーススタディーになります。経営者が出てくるような案件でオンライン商談をするというのは日本では考えにくいことですので、営業レベル3においては、対面での検定が必須になるかと思います。

このように、どのシーンやどの営業レベルであればオンラインで実施してもよいのかを検討してもらえればよいと思います。

各種くじ引きの整備

次にくじ引きの話です。第3章では、様々な場面でくじ引きが出てきました。実を言うと、くじ引きにする必要性はありません。想定されるあらゆるパターンを全部検定してもかまわないのです。

しかし、そうすると検定受検者はもちろん大変ですが、評価者にはもっと負担がかかることになります。

そこで、実際に習得すべきパターンは例えば5つも6つもあるけれども、**すべてを検定するのは労力がかかりすぎるので、くじ引きでどのパターンを検定するか決めるという運用**にしているのですね。

検定受検者は、どれが出るかは前もってわかりませんので、基本的には全パターンをトレーニングしてから営業スキル検定に臨むことになります。

もう1つ、「**くじ引き自体が楽しい**」というメリットがあります。くじ引きなしで全パターンを検定するとなると、大変なだけでなくマンネリ化します。

そこにくじ引き要素を入れると、ワクワク感が出てくるのです。

顧客側の課題やペルソナを隠すパターンのくじ引きですと、それをロープレ中に探し当てる楽しみもあります。実際の商談でもどんな性格の人が出てくるかは商談前はわかりませんので、営業スキル検定におけるくじ引きはいい予行演習にもなるわけです。

くじ引きの発展的な利用方法もお伝えしておきましょう。**ペルソナごとのくじの枚数**（**割合**）**を調整することで、実際の商談での課題や真因特定の疑似体験**を行うこともできます。

教育現場における英語科の先生向けのペルソナであれば、最終的に語彙に課題を感じる先生の割合が高く、スピーキングに課題を感じる先生の割合は低いので、くじの枚数比率もそれに合わせることで、ロープレの際にも、実際の現場でよく聞く課題を主要な仮説として持ちつつヒアリングを行う疑似体験ができるようになります。

営業スキル検定における運用面での効率性の観点からも、検定受検者のモチベーションの観点からも、くじ引きを整備することをおすすめします。

当該の属性への営業経験者であれば顧客役を務めてよい

できるだけ**早期に、ロープレで「顧客役」**（**お客様側の役をやれる人**）**を育成する**ことを強くお勧めします。

私自身のつらい経験を話しますと、前職では私が顧客役も、評価者もやっていました。当時検定を受ける人が80人もいましたので、実施の時間もかかりましたが、それ以上に、20営業日ほどで80回も同じ話を聞くことが本当に大変でした。

営業スキル検定の運用を続けるためには、いち早く顧客役ができる人を増やす必要があると考えます。

ではどのような人であれば顧客役が務まるのでしょうか。

答えをお伝えしますと、**営業レベル0、営業レベル1の顧客役であれば、該当する属性の顧客への営業経験があれば十分**です。

「これまでお会いした顧客の誰か」のつもりになってやってもらえばよいと思います。

営業レベル2、営業レベル3になりますと、「課題は自発的に発言するが、真因は仮説を伝えられた後に合意する」「右腕タイプの担当者役であれば、経営者役を立てつつ自分の仮説を発言する」など、**留意事項が増える**ケースが多いです。

そうなると、**当該営業レベルの検定に合格している人物が適当である**ケースが多くなります。

モノグサでは、ほとんどの営業が営業レベル2以上ですので、顧客役に困ることはありませんが、営業スキル検定の立ち上げ初期段階では、当該領域での営業経験者や、成果をすでに創出しているメンバーが積極的に顧客役を務めるべきだと考えています。

検定作成者が最初の評価者となる

顧客役よりも重要かつ難しいのが「評価者の育成」です。社内で営業スキル検定文化が根づいていて、評価者を務めてきた人が複数いる段階になれば、彼らに任せてもよいかと思います。

しかし、営業スキル検定を作った段階では、それは不可能なことです。検定作成者が最初の評価者にならざるを得ないでしょう。

その後は、検定合格者を評価者として育てていくことになります。

最初は、営業スキル検定に、評価者にも同席してもらって同時に評価させ、次第に独り立ちしてもらうのがよいでしょう。

モノグサでは、各スキルの評価基準に沿って○×△の3段階で評価する運用を取っています。○は合格、×は不合格、△は不合格ではないが努力が必要、ということになっています。

評価者育成に際しては、複数名で評価した際のズレに注目し、「なぜ評価がズレたのか」を確認をする中で、評価基準を正しく再認識したり、評価がズレやすいスキルについては、評価基準の定義の見直しを行うこともあります。

検定をオンラインで行うメリットでもあるのですが、オンラインで実施した営業スキル検定では、ログをアーカイブとして残しておけば、過去の検定を見ながら評価の練習をすることができます。動画を見ながら評価をつけてみて、実際につけられた評価と比較することで、自身の評価スキルの確認が容易になります。

この場合は評価者の同席は不要になりますから、育成の効率化になるわけです。

同席して同時評価による評価基準の目線合わせ

先ほども述べた通り、モノグサでは各スキルを○×△の3段階で評価します。○は合格、×は不合格、△は不合格ではないが努力が必要ということでした。

第2章でお伝えした際には説明しませんでしたが、営業レベルの認定において、オール△はぎりぎり合格となります。「×がなければよい」という考え方です。**「×が1つでも存在すればその営業レベルは不合格」という運用**を行っています。

評価者として認定されるには、先輩評価者と○と×は基本的に一致、ただし△までそろえるのは難しいので、△はいくつかは間違えてもよいとしています。

図12　同時評価による評価基準の目線合わせの一例

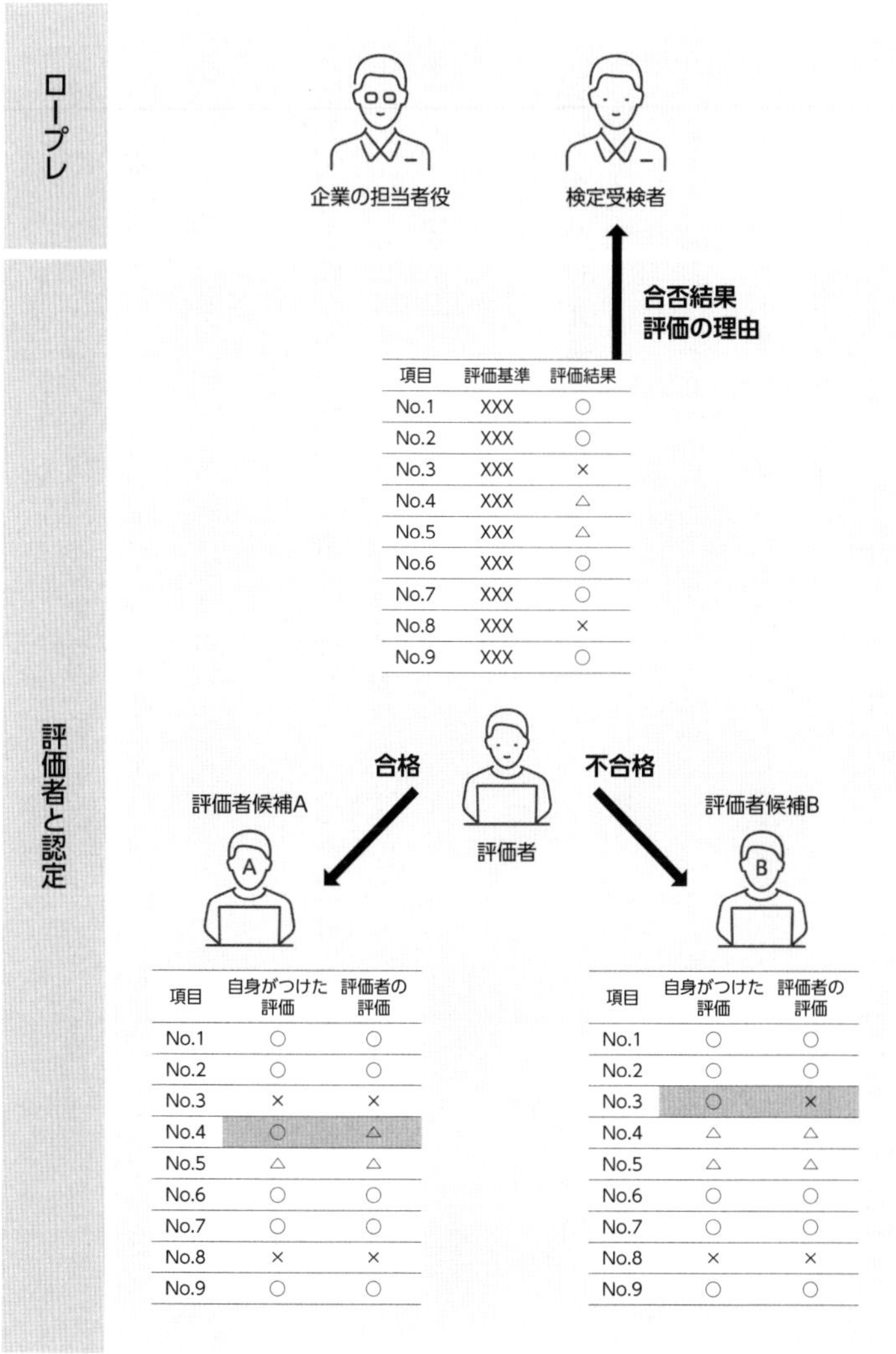

項目	評価基準	評価結果
No.1	XXX	○
No.2	XXX	○
No.3	XXX	×
No.4	XXX	△
No.5	XXX	△
No.6	XXX	○
No.7	XXX	○
No.8	XXX	×
No.9	XXX	○

評価者候補A

項目	自身がつけた評価	評価者の評価
No.1	○	○
No.2	○	○
No.3	×	×
No.4	○	△
No.5	△	△
No.6	○	○
No.7	○	○
No.8	×	×
No.9	○	○

評価者候補B

項目	自身がつけた評価	評価者の評価
No.1	○	○
No.2	○	○
No.3	○	×
No.4	△	△
No.5	△	△
No.6	○	○
No.7	○	○
No.8	×	×
No.9	○	○

図12とは別の例ですが、先輩評価者が「〇〇×△△〇〇×〇」であれば、「〇〇×〇△〇〇×〇」や「〇〇×△×〇〇×〇」などであれば合格ですが、「〇〇〇△△〇〇×〇」や「〇〇×△△〇〇××」であれば不合格ということです（傍点は食い違っている箇所）。

先輩評価者との評価の比較を複数回実施して、先輩評価者と同じように評価できるということであれば、評価者として認定してよいでしょう。

営業スキル検定結果の公開

「情報を社内で公開する」ということも、運用においては大事なことです。

モノグサでは、営業スキル検定の結果は合格はもちろんですが、不合格であった場合にも大々的に公開しています。

チャットツール（弊社ではSlack）上で「合格おめでとうございます！」と周知する

ことはもちろんですが、過去の結果も、ロープレの録音・録画も、すべてアーカイブとして残しています。既存社員はもちろんのこと、新しく入社した人もアーカイブをすべて見ることができます。

検定1回ごとに時間と労力をかけているので、このアーカイブは組織の資産とも言えるものとなっています。これから検定を受ける人にとって、先輩が合格したときの録音音声は大変貴重な教材になるのです。

嬉しかったエピソードを1つ紹介します。弊社には様々な業界で活躍した営業が集まっていますが、外資系企業にて長年活躍した営業メンバーがモノグサに入社して間もないころの出来事です。

一概に言えないことではありますが、前職時代に営業スキル検定を多人数に実施した経験から言えることとして、営業経験豊富なメンバーほど、自分のスキルに自負があり、他人が定義した（特に20代の若造が作成した）スキルに素直に従わない傾向がありました。

確かに、業界知識は豊富なのですが、私の設定したスキルに照らすと、シニアメンバーだからと言って必ずしも評価が高いわけではなく、例えば営業レベル1の6「無駄な言葉を入れずに話を展開できる」などをとても苦手とする営業も多く存在しました。

スキルを評価し、高め続けるという文化は組織全体で意識し続けなければすぐに失われてしまうものです。その中でも典型的な失敗例は、営業歴の長いメンバーから の賛同を得られずに、若手向けのオンボーディング施策に位置づけられてしまい、その後運用負荷の高さから徐々に形骸化し、最終的に実行されなくなってしまうというものです。

弊社は営業スキル検定を大切に運用している事実を入社いただく方には必ず伝えておりますし、営業職としては珍しいと認識しておりますが、選考プロセス内でも営業スキル検定を用いた技術面接を実施しています。

そういった前提があったとしても、前職での苦い経験もあり、私はそのメンバーがどのように営業スキル検定に向き合ってくれるのか気にしていたのです。

あらゆる不安は杞憂に終わり、そのメンバーは自身の経験を組織に還元しつつ、とてもひたむきに営業スキル検定に臨んでくれました。

営業経験がこれだけ豊富なのにも関わらず、どうして一生懸命営業スキル検定に臨んでくれるのか確認したときに言われたのが、「**過去の動画をすべて見ました。それぞれのメンバーの最初の動画と合格時の動画、そして現在の状態を確認したとき、とても成長していることを感じました。営業スキル検定は間違いなく効果があると感じたのでがんばって取り組んでいます**」というものでした。

自分の不合格時の動画が残ることが心地よい人はいないでしょう。すべてをオープンにしているデメリットも何かしら存在すると考えています。

ただし、営業スキル育成の過程を保存し公開することは、間違いなく営業組織の資産となり、強力な文化作りに貢献してくれるはずです。

ロープレ音声の展開

練習時のロープレ音声も原則記録し、何かしらの形で組織に共有してもらっています。すべて文字起こししているわけではありませんが、勉強のために自分や他の人のロープレ音声を文字起こしすることは推奨しています。

私が営業スキル検定をスタートした時期は、機械の文字起こし精度が高くなく、商談時間の何倍もの時間をかけて文字起こしをしていました。現在では、高精度の文字起こしツールが多く登場しており、営業力育成の環境は徐々によくなっていると感じます。

様々なテクノロジーを駆使して、営業力育成の余地を常に模索してほしいと考えております。

オンライン検定は録画という形で残ります。対面の場合、録画するかどうかはそれぞれに任せていますが、録音は必ずしてもらっています。

ペアの確定

営業スキル検定をいきなり受けて合格する人はまずいませんので、トレーニング体制の構築は必要不可欠と考えています。

モノグサでやっていることでおすすめできるのは、「**トレーニングを一緒に行うペアを決める**」ということです。ペアの双方が合格に向けてコミットすることで、協力もしますし、励みにもなると思うのです。

検定合格者が増えてきた場合は、メンターのような位置づけでペアを設定できるようになります。

必ずしもペアでなければいけない理由はありませんので、チーム単位で相互にトレーニングするなど、一人孤独にトレーニングすることにならないよう留意してほしいと考えています。

ちなみに、モノグサでは新たな商品や顧客属性が登場するたびに、誰かが検定化を実施し、展開するという形で情報が共有されるようになっています。

合格者の比率が上がった以降も、常に全メンバーが何かしらのトークを習得する状態が続きますので、トレーニング環境の設定についても工夫の余地があります。

営業力にゴールはなく、際限なく向上余地があります。

時間の確保

営業スキル検定に向けたトレーニング時間の確保も重要です。まだ営業スキル検定が文化として根づいていない初期段階には、営業スキル検定の運営側が、半ば強制的に時間を決めてトレーニングに使ってもらうようにすることが、特にポイントになると思います。

もちろん、就業時間内に確保するのです。新入社員であれば研修という形でトレーニングもできますが、既存の社員であれば、やはり就業時間内に時間を確保することが必須だと思います。

検定の時間確保のための予約制度

トレーニング時間だけでなく、検定時間の確保も必要です。モノグサでは、評価者の都合をベースに検定時間枠を設けて、それに対して検定受検者が予約を入れるという形にしています。予約完了後、評価者が顧客役との時間調整を行います。

予約制にしているのは、効率的に受検してほしいからです。

当然、一番いいのは一発で合格することです。何度も不合格を繰り返すと、心身ともに疲労します。一発合格を果たしてもらうためには、やはり事前のトレーニングをしっかりやることが必要です。

効率的な実施のために

予約日時が例えば1ヵ月後と決まっているのであれば、その日を目標にじっくりトレーニングに取り組むことができるわけで、それが受検効率にもつながります。検定受検者が一発で合格してくれるのであれば、運用側の負担も減り、これはみなのメリットとなるわけです。

とはいえ、絶対に落ちてはいけないというのもプレッシャーが大きいので、そこまでは申しません。モノグサの社員でも、営業レベル2となると4、5回の受検で初めて合格するという人もいます。

営業スキル検定の目的は育成ですから、人材への投資として割り切ることも必要かと思います。

営業スキル検定派生トレーニングの整備方法

現在営業スキル検定がない組織でも、誰か一人でも検定を実施できる人が現れたなら、そこで「営業スキル検定が始まった」と考えてよいでしょう。

ではその後、どうすれば営業スキル検定をすたれさせないで続けられるのでしょうか。

参考までに、モノグサにおける営業スキル検定の歴史をお話しします。

私がモノグサで初めて営業スキル検定を作ったのは2018年のことで、最初は英語科の先生との商談向けでした。2021年までは、英語科向けだけだったのです。

しかし、社員が増えていく中で顧客も多様になっていったので、評価者側になっているメンバーや等級が高いメンバーに「派生トレーニング」を作ってもらうことにしました。

営業レベルを評価するスキルやその評価基準は同一で、顧客属性や想定顧客像とそれに連なる解決策などを変えたものを「派生トレーニング」と呼んでいます。英語科向けしかなかったのを、例えば社会科向けといった形にカスタマイズしてもらったということですね。


派生トレーニングについてはあればあるだけよいと考えます。ただ営業スキル検定として、すべての派生パターンに合格しないといけないというのはナンセンスです。基本のスキルが同じであれば、派生トレーニングのうちのどれかに合格していれば、その営業レベルと認定してよいと考えています。

どこまで合否を追うかは貴社の考え方次第だと思いますが、あまり負荷をかけすぎても運用が大変です。頃合いを見計らうことが肝心だと考えます。

モノグサとしての最適解は、営業レベル認定は1種類を検定としてロープレ形式で実施し、その他の内容は記憶してもらい、何らかの形で（手前味噌ですが、Monoxerでの記憶が最適であると思います）記憶しているかどうかを確認するというものです。

第5章

営業スキル検定の派生効果

営業スキル検定の効用

ここまで読んでくださった方は、営業スキル検定の導入に前のめりの方もいれば、「営業スキル検定自体はよいと思うが、果たして自社に必要なのだろうか」と思っている方もいることでしょう。

ここでは、後者のような方々の背中を押すために、営業スキル検定の効用についてお話ししたいと思います。

営業マネージャーの役割

営業組織の課題は様々あるでしょうが、大きく次に挙げる3つのことで困っている組織が多いのではないでしょうか。

①営業マネージャーの育成
②「事業開発営業」の育成
③営業のモチベーションの上げ方

まず１つ目は、営業マネージャーの育成についてです。

ただし、本書では人材マネジメントはスコープに含んでいません。例えば「１on１ミーティングはどうしたらいいのか」といった話は、それについて書かれた本を読んでもらえればよいというスタンスです。

そのうえで、「営業マネージャーはどうあるべきか」について考えたいのですね。営業マネージャーとして、もちろん人材マネジメントも必要ですし、ＫＰＩのマネジメントも必要です。

しかしそれら以上に、**「メンバーのスキルを把握して、育成できること」が営業マネージャーとして最も重要な素養**だと思うのです。

もちろん業界知識を共有する、営業同行で背中を見せる、なぜこのようなＫＰＩ

を設定しているか理由を説明する、顧客の課題に対する寄り添い方を説く、名刺交換のやり方を教える、といった指導をメンバーに対して実施している営業マネージャーはいくらでもいると思います。

しかし、ここまでお伝えしてきた営業スキル検定のように、営業のレベルを4つに設定して、トータルで42個のスキルに整理する、といったことをしている営業マネージャーはほとんどいないのではないでしょうか。

ぜひとも、自分自身で営業スキル検定を作成し、評価者側に回るということをやってほしいのです。

なぜなら、そうすることによって、**自分自身の考える営業スキルの棚卸しを実行できるだけでなく、メンバーのスキルを把握し、かつメンバーに不足するスキルを営業スキル検定を通して装着できるようになる**からです。

営業スキル検定の一連の流れを使いこなすことができれば、営業マネージャーとしてメンバーのスキル育成を実施できるようになり、そのこと自体が自分自身の営業マネージャーとしての価値を高めることにつながると考えています。

等級と営業レベル

育成の目標について話をしますと、営業になって数ヵ月ないし1年目ぐらいのメンバーについては、営業レベル0および営業レベル1がきっちりできるように育ててほしいと思います。

そのうえで、**「一人前の営業」と言えるレベルは、やはり営業レベル2**ではないかと思うのです。ちなみにモノグサでは、リーダークラスの等級に昇格したければ、営業レベル2に合格することを求めています。

ではそれ以上のマネージャークラスの等級についてはどうでしょうか。そのあたりは貴社の考え方次第でよいと思いつつも、私個人の意見としては営業レベル3があったほうがよいシーンが多いと考えています。

そもそもマネージャーともなると、折衝する相手が決裁者であることが多いわけです。その意味でも営業レベル3が必要だと思うのですが、それ以上に営業レベル3が必要な市場は、潜在ニーズも存在しないような市場です。

いわば営業のフロンティアと言えます。やはり**営業マネージャーともなると、フロンティアを開拓してほしい**と思うのですね。

したがって、選抜研修のような位置づけで、営業マネージャークラスには営業レベル3の検定を突破することを求めるようにしてもらいたいと思っています。

そして、本書をここまでお読みいただいた方ならお気づきかもしれませんが、営業スキル検定における最終目標は、自分自身が営業レベル3に合格することではなく、営業スキル検定や派生トレーニングを作成し、組織へ展開し、他メンバーの成長に貢献できるようになることです。

モノグサ内では、特定の等級以上に昇格するためには、検定作成能力が必須と設定されています。

「事業開発営業」育成ツールとしての営業スキル検定

２つ目の課題は、事業開発営業の育成です。これは自分（の能力やキャラクター）を売るのではなく、「自社商品が売れる営業を育成する」という意味で言っています。

第１章と第２章ですでに述べてきたことですが、**私は個人的には事業開発営業という営業タイプが大変よい**と思っています。

私自身、コンサルティング営業としてかなりの売上を上げていた時代がありました。短期的には「竹内さんだから買うんだよ」といった評価を受けることは、とても嬉しかったですし、それなりに意義もあったと思います。

しかしコンサルティング営業を長くやっていると、「本来、顧客が買う必要のないものを売っている」という感覚がだんだん芽生えてきたのですね。

それよりもサービス、コンテンツ、商品を育てて、自分でなくても売れるような

図13　営業レベル２俯瞰図

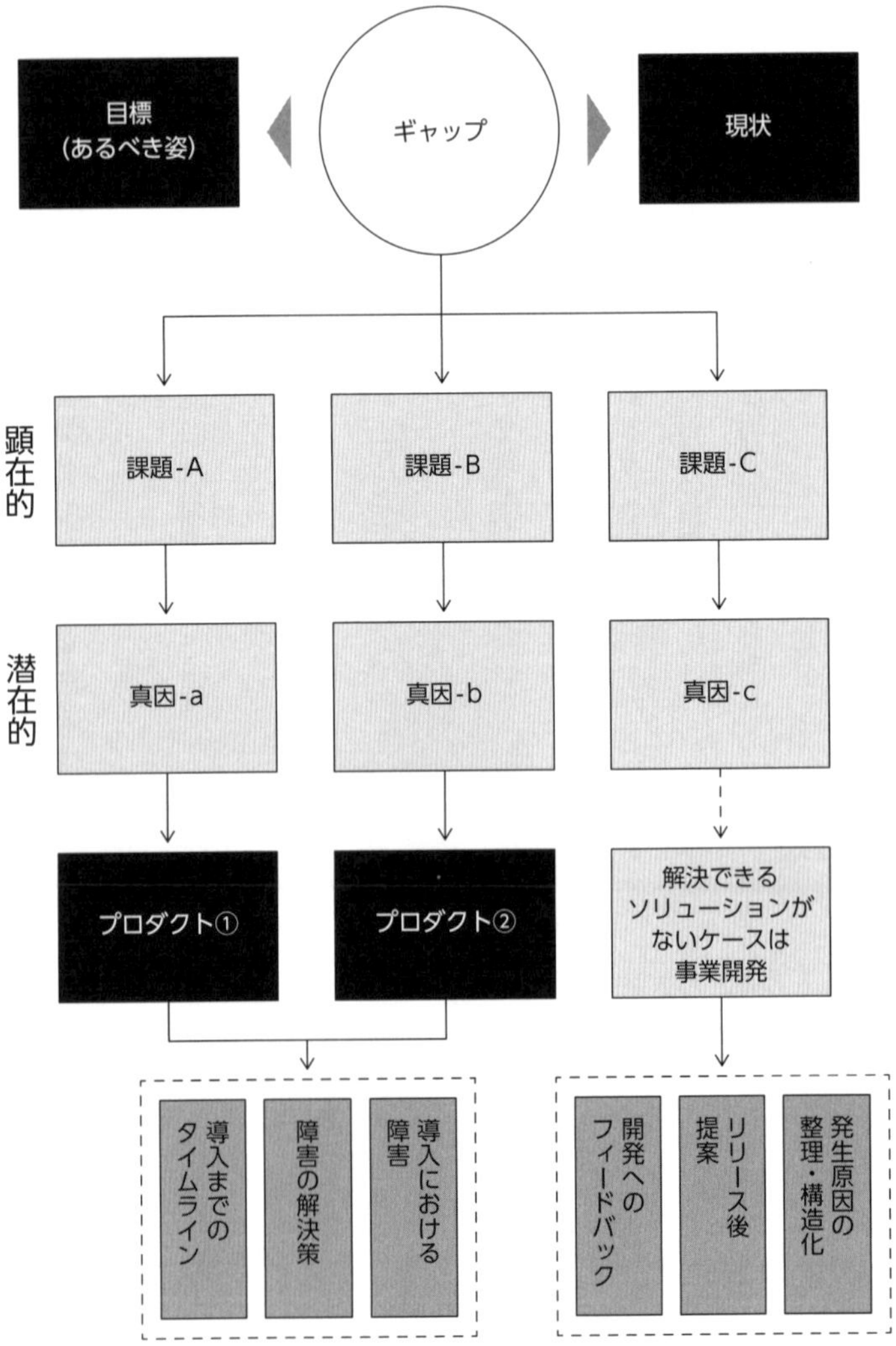

商品に磨き上げていくほうに意義を感じるようになったのです。

そうなるためには、トークの丸暗記や誰かのものまねだけでは駄目だと思ったのです。それだけでは、顧客のニーズをつかむのは難しいからです。

そこで必要なのが、営業レベル2のスキルだということなのです。

営業レベル2のポイントは、顧客の目標を握り、現状を握り、そのギャップを課題として顧客に言語化してもらうこと。

そして課題に対して真因を明確にしていくこと。真因については自覚的でないことが多いので、こちらから仮説をぶつけていくことも必要、といったことでした。

現在解決不可能な真因の特定

真因が出てきた段階でポイントとなることは、自社プロダクトで解決できない真因もあり得るということです。

ここでコンサルティング営業の方向へ進んでいくか、事業開発営業の方向へ進んでいくか、2つの道があります。

1つ目の道であるコンサルティング営業であれば、コンサルティング能力を駆使して、パートナー企業の選定も含めた、商品から独立した提案をしていくことになります。

一方、もう1つの道である**事業開発営業であれば、基本的には解決できない真因をリスト化していく**ことになります。すぐに解決できるのであれば、機能追加という形で対応することもありますが、基本的には真因のリストがたまっていきます。

この「リストがたまっていく」ということを次のビジネスチャンスと捉えられると、事業開発営業の道に一歩踏み出したと言えます。

すべての真因を解決しなくてもよいのです。**自社のミッションと照らし合わせたときに、その真因を解決しなければならないとなれば、そこに新たなビジネスチャンスが生まれる**ことになるのです。

なぜなら真因とニーズは表裏一体であり、自社のミッション実現の範疇で未解決な真因こそが、新たなプロダクト開発の起点になりうるからです。

真因発生原因の整理・構造化

事業開発営業をしていくうえで重要になる観点が、**真因の発生原因を整理して構造化する**ことです。

営業スキル検定を作るうえでも、実際に営業現場でヒアリングする中でも、多くの顧客に共通する「よくある真因」を考えるわけですが、大切なのは**「真因の粒度」**と**「真因の再現性」**を意識することです。

「真因の粒度」とは文字通り真因の大きさを指しますが、抽象度が高ければ粒が大きい、具体性が上がれば粒が小さくなると考えてください。「真因の再現性」とは同じ顧客属性の中でどれくらい当該の真因が当てはまるかの度合いであり、基本的に「真因の粒度」を小さくする、つまり真因の具体性を上げると「真因の再現性」は下がることが一般的です。

「真因の粒度」について、課題・真因・真因発生原因と、どこまで原因の原因的存在を追求し続けるのか、疑問に思った方もいらっしゃるかもしれません。

究極的には、どこまでも原因の原因を考えることはできます。


大切なのは、その「粒度」です。

「確かにそれはそうだが、抽象的すぎて解決方法がわからない」となるものは不適当ですし、「非常に具体的ではあるが、多くの先生に共通するものではない」となり、「真因の再現性」が減るのも問題があります。


例えば、担当する生徒の成績が上がらない現状があるとしましょう。そして、ある先生にとって自覚的な課題が「先生側が忙しく、一人一人の生徒に合わせた指導ができていない」というものだとします。

どうして先生が忙しいのか営業が考えて、先生が自覚していない真因として「生徒への想いが強すぎて、業務過多になっている」と設定したとします。

確かにそうかもしれませんが、「想いが強すぎて」「業務過多」では、どちらも抽象度が高いため、解決策を考えたり、社内に持ち込んで機能開発に役立てることができません。

逆に、「英単語の小テストの採点時に一人一人へのオリジナルメッセージを書くことに時間を使っている」という具体的すぎる課題設定をしたとします。その先生が本当にその行動を取っていれば、具体的事実ではあるのですが、他の先生が同じ行動を取っている可能性は少ないはずです。

このケースで適切な真因の粒度の一例を挙げると「誰が採点しても結果が変わらない英単語の小テストの採点に時間がかかっている」といったものでしょう。

この真因の粒度であれば、社内に持ち込んだ際に「ＡＩが小テストの作成から採点まで自動で行う仕組みを開発すればよいのではないか」といった議論に発展する可能性がありますし、他の先生にも共通する再現性ある真因と言えるでしょう。

「1件の顧客で発生した真因が、どういう構造で発生しているか」を適切な粒度で

突き詰めていくと、他の顧客にも当てはまるかどうかが見えてきます。

事業開発営業であれば、営業活動を通して現場の一次情報を収集していただきたいのですが、やみくもに情報に飛びつくのではなく、社内に持ち込むに足る「真因の粒度」や「真因の再現性」を意識していただきたいのです。

解決方法の仮説とビジネスインパクトの算出

そのうえで、発見した真因の解決方法の仮説出しと、解決できたときのビジネスインパクトの算出を、営業個人ではなく営業組織で行ってほしいと考えます。

ビジネスインパクトの算出と言っても、難しい話ではありません。「**その真因を抱えている顧客の数**」と「**解決することで増える取引額**」の**掛け算**をするだけです。

先ほどの「誰が採点しても結果が変わらない英単語の小テストの採点に時間がかかっている」をケースに考えます。

当該の課題および真因を有している学校が市場に何校存在しているか把握し、「A

Iが小テストの作成から採点まで自動で行う仕組み」を提供した場合に、1校からどれだけの取引を頂戴できるかを算出し、この真因を解決することで得られる会社の利益を求めようということです。

会社によって営業の仕事の範囲は違うでしょうが、私の感覚としては、**真因発生原因の整理と構造化、再現性の把握と解決方法の仮説出し、そしてビジネスインパクトの算出までは、営業側の仕事**と考えています。

解決方法は、様々な職種の協力を経て詳細になっていくものですし、開発の知見がなければ到底思いつかない方法かもしれません。よって、解決方法は、営業だけで具体的にする必要はないと考えています。

営業レベル2の営業スキル検定を運用することで、営業の目が真因に向くようになります。それが事業開発営業の育成につながるので、ぜひとも取り組んでください。

事業開発営業としては、営業現場で見つけたニーズを開発にどう接続するかという論点があります。

これについては会社として、営業現場のニーズを開発につなげる仕組みやルールを整備する必要があります（具体的な施策は後述します）。

「自分だから売れる」ことを目指すコンサルティング営業の道

課題の3つ目は、営業のモチベーションをどうやって上げていくかです。営業組織は他の組織と比べて離職率が比較的高いという認識が、私にはあります。

営業スキル検定は営業の生産性を上げるのが第一の目的ではあるのですが、営業個人のモチベーション向上にも一役買うと思っています。

第1章にて、マーケティング、御用聞き営業、コンサルティング営業、事業開発営業という4つの営業スタイルを提示しました。

ここまで読み進めていただいたあなたは現在どのような営業スタイルでしょうか。

また世の中の営業は、どれで営業活動をしていることが多いと感じるでしょうか。
4つの営業スタイルのどれかに該当すると明確に感じる方もいらっしゃれば、それぞれいくつかの営業スタイルのハイブリッドな方もいらっしゃるでしょう。

しっかりとした調査はできていませんが、BtoC営業であれば、温度感の高い顧客にいかに多数接触できるかにこだわるマーケティングスタイル、BtoB営業であれば、業界知識を次第に高めて顧客の顕在的なニーズを伺い、会社の既存商品を組み合わせて提案する御用聞き営業スタイルを行っているケースが多いのではないでしょうか。

双方を否定する意図はまったくありません。例えば、自分の好きな不動産系の商品を顧客のニーズとマッチングして多数販売し、高い所得を得たり、医療系の市場において豊富な知識と経験によって複雑性の高い商品を継続的に納品するなど、自分の求める環境を得て、やりがいを持って活動されている方も多くいらっしゃると思います。

一方で、現在の営業スタイルはさておき、多くの営業はどのような営業スタイルをよしとして目指しているのでしょうか。

弊社の採用活動にて営業経験者の職務経歴書を読んでいると「ソリューション営業」「課題解決型の営業」「深耕営業」などを経験してきた、とアピールされる割合が圧倒的に高いと感じています。

これらを一括りにすると、本書で定義するところのコンサルティング営業です。このことから言えるのは、現在の所属環境に満足せず、新たな活躍の場を求めて転職市場に現れる営業は、意識してコンサルティング営業に取り組んできたケースが多いということです。

どうしてこのような現象が起きるのか分析をすると、営業の置かれている環境の難しさが見えてきます。

あなたの取り扱う商品に毎日多数のお問い合わせが寄せられて、商品説明を簡単に行うだけで商品が売れていく、つまり営業レベル0や営業レベル1のみで売れる環境であれば、経営者はどのような意思決定をするでしょうか。

私であれば、該当領域に営業を配置しなくなるでしょう。少なくとも営業力が高い貴重な人材を誰でも売れる商品にはアサインしません。営業を配置することは明確にコスト増を意味しますので、配置しなくてもいいのであれば営業削減に動くでしょう。

営業レベル0や営業レベル1のみで対応可能な「理想的」な営業環境に、営業が安住することは許されないのです。

営業レベル2や営業レベル3を必要とされる、つまり「あなた」がいなければその商品が売れないからこそ、アサインされるのです。


そんな環境に置かれた営業に、会社はどのような期待をかけるでしょうか。つまるところ「今あるものを売ってくれ」です。「市場からの一次情報を収集し、商品にフィードバックして、誰でも売れる商品・サービスに近づくための事業開発に貢献してくれ」とは言わないはずです。

これは会社経営上、仕方がないことではありますが、「事業開発」の道を閉ざされた営業は、たとえ商品が変わらずとも売れる力を欲しますし、「自分だから売れる」というコンサルティング営業の道を突き進むことになります。

「誰でも売れる」ことを目指す事業開発営業の道

そもそも誰が取り扱おうが提供価値が同じ商品を、同じ顧客属性の方たちに売り続けることは、大変なモチベーションを必要とします。

少なくとも私は続けたくありませんし、多くの方にとって数十年間続けることは不可能でしょう。

顧客から自発的に求められるわけでもなく、自分がいなければ買う必要がない商品を届け続けることに金銭的報酬以外のモチベーションを持つのは難しいものです。顧客体験を無視して、スポーツのような感覚で自分だけが売れることを目指し続けられる人間も大変少ないと思います。

一方、今扱っている商品を、誰もが買いたくなる魅力的なものにしていくことに関わるということは、多くの人にとってポジティブなことだと思うのです。ポジティブなことをしていれば、モチベーションは自然に上がっていくはずです。

顧客の課題や真因を特定し、自社商品がそのニーズを充足させられる状態が実現され、売れていく。

こう聞くと、理想的な営業環境と感じないでしょうか。

「理想的かもしれないが、そんな環境は実現しないだろう」と感じられた方がいるとすると、2つの論点があるはずです。

1つは、「短期的な売上目標が会社から求められ続ける」というものでしょう。

「顧客の課題や真因を特定し、自社商品がそのニーズを充足させられる状態が実現され売れていく」などと悠長なことは言ってられず、「今月の目標達成を何が何でも実現しろ。そのための行動だけをしろ」と言われている営業も多いことでしょう。

私が、仮に明日から新たな営業組織にアサインされ「今月の目標達成を何が何でも実現しろ。そのための行動だけをしろ」と指示されたとした場合、どのように行動するか。

ここは、人それぞれ流儀があると思いますが、私の営業スタイルは、所属組織の誰よりも顧客解像度が高くなるまでは徹底的に顧客に会いに行くというものですので、ほとんど会社にはおらず、顧客訪問やアポ取り飛び込みなどにすべての時間を投下することを考えます。

ここで考えていただきたいことは、**事業開発営業スタイルは短期的売上最大化と相反するのかということです。私の結論は当然「相反しない」**というものです。

事業開発営業は営業レベル0、営業レベル1、営業レベル2、営業レベル3までを習得したうえで、長期的に「誰でも売れる」ことの実現を目指して行動します。

一方で、顕在的なニーズを発見すれば営業レベル1で販売しますし、潜在的なニーズであっても、営業レベル2で短期的販売可能性を見出しますし、潜在的にもニーズがない危機的な場合においては営業レベル3を発動し、信頼関係を構築したうえで事業開発のための時間捻出を行うわけです。

たとえ「短期的な売上目標は会社から求められ続ける」としても、事業開発営業は可能です。

「事業開発営業ができれば理想的かもしれないが、そんな環境は実現しないだろう」と感じるもう1つの論点は、「現場のニーズを伝えても、開発や会社は対応してくれない」というものだと思います。

とても嫌な表現をしますが「もっと商品がこうなると売りやすいなどと商品力を言い訳にせず、今の商品価値のまま売ることをあなたの介在価値としてがんばってください」という会社からの期待を感じている営業も多いのではないでしょうか。

現場の声を集めて、社内に共有したことはあるがまったく対応されなかったという経験を経て、すでに諦めてしまったケースもあるでしょう。

営業の集めた顧客の声に、どのように耳を傾けるかは会社の開発方針にもよりますので、どの会社でも営業が事業開発営業として振る舞えるかと言うと一概にYesとは言えません。

しかし、1つ目の論点でお伝えしたように、短期的な売上と事業開発営業は相反しませんので、まずは顧客の声の収集に努めていただくことが大切です。2つ目の論点については営業起点での努力余地があります。それについては、後述します。

誰でも売れる商品を作り出すことに貢献する事業開発営業の道を開くことは営業のモチベーションを上げる可能性があり、これも営業スキル検定を行うことから生まれる派生効果ではないかと思っています。

営業が商品の向上に貢献するには

商品の性能を高めたり、より安くしたりするといったことで営業ができることは基本的にないと考えています。これについては第1章でも「営業には価格を下げる権限がない」という言い方で、同じようなことを述べました。

では**営業に何ができるかと言えば、顧客の困りごとを見つけ、その原因を特定すること**です。これは顧客と接点があるからこそできることですね。

困りごととその原因が特定できて、その解決策を商品に反映できれば、商品の守備範囲が広がり、顧客からの共感も獲得しやすくなります。顧客のニーズに応えられない商品が、ニーズに応えられる商品に進化するということです。

そのニーズが特定の顧客だけのものであれば、商品で対応する必要はありません。他の顧客でも再現性のあるニーズかどうか見極めることが、商品に反映するかどうかの決め手になるわけです。

その再現性の見極めも営業の仕事であり、営業レベル2のスキルがあればできます。

では営業レベル3は必要ないかと言えば、そうではありません。営業レベル3も商品の向上に欠かせないケースがあります。

顧客との信頼関係が構築できたが、顧客を満足させる商品を持ち合わせていない段階であれば、営業レベル3のスキルは、顧客との関係性を継続させるために役立ちます。つまり、長期のパートナーシップを実現するために営業レベル3が必要なのです。

長くおつき合いするうちに、顧客の目標が引き上げられる中でニーズが見えてきて、そのニーズが再現性のあるものなら、自社商品の改善につながり、営業レベル2で売れる商品になり得ます。

すなわち営業レベル3は、商品向上のための時間的余裕を生み出すことに役立つということです。

もちろんマナーが悪いと顧客の信頼は得られませんし、商品情報をきちんと伝えられなければ売れるものも売れません。したがって営業レベル0と営業レベル1も大変重要なのです。

営業レベル0と営業レベル1を確固たるものとしたうえで、営業レベル2と営業レベル3を定着させることができれば、商品の向上、さらには会社の発展に営業が貢献できるようになります。

現場で収集した情報の社内接続方法

営業現場のニーズを開発につなげる仕組みやルールを整備する必要があると述べました。どのような仕組みやルールかについては、モノグサでの取り組みを具体例として紹介します。

モノグサでは「Jira（ジラ）」というプロジェクト管理ツールを活用しています。Jiraを利用することで営業が開発に対して、顧客にどんな課題があり、それを解決することでどのぐらいのビジネスインパクトがあるかを伝えられるようになっています。Jiraはチケット単位でタスクを作成し、それをボードに貼りつけるといったツールで、営業と開発のコミュニケーションに特化したものではありません。

営業が開発に要望する際には、「こういう機能を開発してほしい」といったタスクとして起票します。それを開発が見て、取り組むべきかどうか、取り組むなら優先順位はどうするかを決めていく形になります。

また「**プランニング**」という場も設けています。参加は任意ですが、全職種が集まって、早期に開発すべきものがないかを話し合う場となっています。参加者全員に発言権があり、現在開発優先度が高いとされている機能よりもこちらを作ってほしい、といったことを要望することも可能になっています。

プランニングのファシリテーターは、弊社CTOの畔柳が務めています。プランニングは、CTOの考えをみなに伝えると同時に、CTOが気づかなかった現場の課題やニーズを拾うことが主な目的です。営業目線で言えば、自分が気づいたニーズをプランニングの参加者全員に対してプレゼンする機会となっているのです。

Jiraへの起票は、いつでもできるようになっています。またプランニングは四半期に1回開催しています。

開催頻度については、自社の開発にとってどのぐらいがちょうどよいかという観点で決めてもらえばよいと思いますが、このような営業と開発の接続の仕組みや機会はぜひとも用意すべきでしょう。

開発とのコミュニケーションのための「ビジネスロードマップ」

最後に**「ビジネスロードマップ」**を紹介します。これはモノグサでも最近になって運用を開始したものです。

本章で「現場のニーズを伝えても、開発や会社は対応してくれない」という可能性をお伝えしました。場合によっては、開発や会社が間違っていることもあるかもしれませんが、多くのケースでは、開発も会社もミッション実現を目指しており、顧客の課題解決には強い関心があるはずです。

モノグサにおいて発生した事象として、実際に事業開発営業のコンセプトが浸透し始めた際に、Jiraとプランニングの運用だけだと、営業が気づいた細かいニーズが大量に上がってくるようになりました。

その中で**開発が重要度を判断して、優先順位をつけていくわけですが、それを解決したときのビジネスインパクトが見えにくいことが問題になっていました。**

その問題を解決するために、ビジネスロードマップを開始しました。

モノグサでは1年後の売上目標達成を実現するために、解決することで売上増の蓋然性《がいぜんせい》が高い真因を教育現場向け、従業員教育向けなど、弊社が相対するあらゆる市場から収集し、統合し、優先度をつけるという形で、営業にとって優先度の高いプロジェクトを組成し、プロジェクトのゴールや責任者や参加メンバーを明示したうえで、全社員が確認可能な形で情報を公開しています。

営業スキル検定を実施することで、スキルを身につけたうえで各営業が事業開発営業を志向するようになり、様々な一次情報を収集できるようになります。

これができるようになれば、収集する真因についても、その粒度や再現性、解決策に接続できる度合いなど、次第に質が向上するはずです。

しかし、それぞれの担当市場で発見された真因が、それ単独で全社の開発優先順位を変更するほどのビジネスインパクトを出すことは難しいものでもあります。

そこで営業現場で拾われたニーズを、ビジネスロードマップによって統合的に扱う形で表現するということをやり始めたのです。

要するに**1つ1つの真因単位ではなく、もっと大きなプロジェクト単位でビジネスインパクトを示すことで、プロジェクト単位での優先度をつけられるようにした**ということです。

Jira、プランニングおよびビジネスロードマップの3つが、モノグサにおける営業と開発を接続する仕組みとなります。

そのうえで、モノグサの営業は、開発に対して「これを作ってくれ」という具体的な要望を上げることはあまりしておりません。

いかに一次情報を拾ってくるか、再現性のある課題を見つけ出すか、それらに対して営業としてのプライオリティーを置くことに腐心しています。

「現場のニーズを伝えても、開発や会社は対応してくれない」と諦めるのではなく、開発や会社が無視できないほどの本質的でインパクトの大きな顧客課題を適切な粒度で会社に持ち帰ってくることが、営業が事業開発営業として輝く組織作りの一歩目になると信じています。

おわりに

ここまでお時間をいただき、ありがとうございます。

「営業スキル検定」についてのご説明は以上です。

何かご質問などございますでしょうか。

＊　＊　＊

とてもとても長い商談におつき合いいただき、ありがとうございました。

すべてのページを読んで「おわりに」に到達した方もいれば、休憩にお越しになった方もいらっしゃるかもしれません。

営業をしている時にも常に感じることですが、どれだけ少ない時間であっても、私の話に耳を傾けていただけるのは本当にありがたいことです。

数ある書籍から本書を選んでいただき、お時間をいただき、本当にありがとうございます。

本書の結びとして、はたまた休憩用の読み物として、本書を書き上げるにあたり直接的・間接的にご協力いただいた関係者のご紹介を、御礼の気持ちを込めて記載したいと思います。

① 土井さん／前田さん

本書に登場するD先輩こと土井さんは、私の営業人生最初のマネージャーです。まさに太陽のようなお人柄の人物で、私にとっての営業らしさの象徴のような方です。

リクルート入社時、土井チームに所属した私には嫌いなものがありました。

それは毎週実施される「ヨミ会」という名のチームの定例会議です。

これは、お互いの最終的な四半期の売上見込みを共有し、目標達成の精度を上げていくという場でした。

チームメンバーは土井さん含めて5人なのですが、毎週2時間ほどのヨミ会中、私以外の共有は合計15分ほどでささっと終わり、残りの105分ほどは私へのフィードバック時間でした。

やや盛った状態で記憶している可能性はありますが、体感時間は間違いなくその程度の長さであり、特に最初の頃はつらいものでした。

その中で、土井さんからの質問の中心は「お客さんは結局何がやりたいの?」というものであり、顔の前で握りこぶしをあわせて上下に広げながら「そのお客さんの目標と現状のギャップ。それが大事でしょ」といつも言っていました。

最初は先輩たちの温情で目標達成していましたが、1年目の最終四半期、部署内のMVPをいただくことができ、成果発表の時間をもらいました。

私がその場で発表したのが「土井図《どどんず》」という土井さんから毎度指摘される営業行動をフロー図でまとめたものでした。今振り返ると、営業スキル検定の原型はこの土井図だと言えるでしょう。

当時はつらい面もありましたが、あのヨミ会がなければ営業スキル検定は生まれていないかもしれません。

前田さんは私の営業人生最初の教育担当です。

最初の印象としては何かを売るということ自体にとても消極的で、営業らしさの対極に存在し、常に利他的であり、なにやら悟りの境地に達したような方でもあり、当時は会議中も含めていつもガムを噛んでおり、コーラを常飲し、明らかに異質な存在でした。

出会った直後に「君にビジネスを教える気は一切ない。君が周囲から支援を受けられる存在になるように協力する」と宣言され、ここには書き切れないほどたくさんのお世話になっておりますが、本当にこれまで一度も直接的に営業やビジネスに関するアドバイスをされたことがありません。

土井チームのヨミ会においても「前田、報告ありません」と5秒ほどで前田さんの時間は終わっていました。

しかし、なんとも格好のいい話なのですが、私が同じチームに在籍している間、前田さんは常に個人目標を達成しており、チームの目標達成が危うくなると仲のいいお客様から何らかの形で予算を獲得し、チーム目標の達成に貢献していました。

前田さんは特に関係性の深い顧客については、ミッション策定や人事制度作成の提案を行うなど、営業スキル検定でいうところの営業レベル3を常に実行しており、顧客から絶大な信頼を獲得していました。

また、カーセンサーというサービスをよりよく活用するための顧客向け勉強会の型化など、「売ること」以上に「お客様がよりよく活用すること」に常に重心があり、個人売上のトップラインを追うだけが営業の正解ではないという私の考え方につながる原体験となっています。

お二人に関する印象的な営業エピソードがあります。

営業成果がまずまず出るようになったある日、前田さんが私に「いよいよ、教える日が来たか。この日は空けておいて」と声をかけてきました。

「君にビジネスを教える気は一切ない」と宣言していた前田さんからの言葉に、驚きを感じつつ、その日がやってきました。

早朝に前田さんの運転する営業車が勢いよく向かったのは奥多摩にある温泉でした。それまで一度も営業活動を適切に「サボった」ことのない私は明確に緊張していました。

慣れないことは上手くいかないものです。

温泉へ向かう途中、土井さんから電話が来ました。

我々は湖畔に営業車を停め、外に出たうえで電話に出ました。

私としては上手く誤魔化しているつもりでも、敏腕マネジャーは流石です。「何か隠しごとをしている。いつもに比べて背景音が静かすぎる。これは前田さんとサボっている」とその時点で見抜かれたうえで、その日の夕方の絶妙な時間帯にミーティングを設定されました。

ミーティング設定をした事実を前田さんに伝え、今から帰るべきではないかと伝えましたが「ここまで来たんだ。少しだけでも浸かっていこう」と大急ぎで温泉に向かいました。

不運は重なるもので、運転が得意なはずの前田さんがなぜか奥多摩ではなく山梨に到着してしまったり、帰りの高速道路が信じられない渋滞を起こしたり……ついにミーティング遅刻が確定した私は、土井さんに謝罪の連絡を入れました。

いろいろな言い訳をする私に対して、土井さんは一言。

「これからは一人で戦いなさい」

そう言って、電話を切りました。

これは「サボりを前田さんのせいにせず、しっかり自分で謝罪しなさい」という意味と「そんなあなたなら今後は支援しない」という両面があるように感じられ、助手席の私は自分でも信じられないほど落ち込んでいました。

一方で運転席の前田さんは「いつか笑える日が来るって」と終始穏やかでありました。会社に戻り、土井さんにあらためて謝罪をしたところ「結果を出したうえで、今後はもっと上手くやりなさい」とアドバイスされました。

私の初めての「サボり」は「30秒の入浴」であり、とんでもないトラウマになった結果か、それ以降も営業を嘘をついて怠けることはありませんでした。

私の営業スキル検定の中に「いつでも上手くサボる心の余裕を持つ」が存在しないのはこの時の失敗の影響かもしれません。

②リクルート

私が在籍した当時のリクルートには、営業現場における決まった営業の型のようなものは存在しませんでした。ヨミ会など売上管理手法やミドルマネジメントの仕組み、表彰制度を含めたナレッジシェアの仕組みなど、様々な特長がある環境でしたが、営業トレーニングに熱心な印象はありません。

リクルートでは、「お前はどうしたい」とよく聞かれます。

最近は変わってしまっている面もあるかもしれませんが、私の営業時代は、営業目標を達成してさえいれば残りの時間は何をやっても真に許されている感覚がありました。むしろ、「ただ営業目標を達成しているだけだなんて、何のためにリクルートにいるの？」と常に問われているような環境でした。

そんなリクルートの中で、私の営業観に最も影響を与えたのが「TOPGUN AWARD」という営業向けの表彰でした。

より正しく表現をすると、営業に限らず「顧客接点で価値を創出した取り組み」を表彰する制度だったのですが、リクルートグループのあらゆる領域から1年間に合計10件ほどしか選ばれないものであり、各部署内でのMVP獲得より数段難易度が高いものでした。

2年目のはじめ、前年の取り組みに関する表彰およびナレッジシェアの場に参加した私は、1年後にはぜひとも自分が選ばれたいと感じていました。それは単純にイベントの仕立てが豪華で登壇者が格好よく見えた面もありましたが、ＴＯＰＧＵＮ　ＡＷＡＲＤでの評価基準に共感したのが要因でした。

当該の取り組み単体で発生した売上の大きさはもちろん重要視されますが、それと同じくらい「新規性」や「汎用性」を重要視して評価がされていました。

売上が高い順に選ばれるわけではなく、その取り組みの新規性とその取り組みが事後に当該の個社との取引だけではなく、その業界やリクルート全体にどれくらいインパクトを与えうるかを評価する姿勢は、私が提唱している事業開発営業のコンセプト、「営業スキル検定」における営業レベルの設定、各営業レベルに必要なスキル特定において大きな影響がありました。

営業に対して、ただ固定物をより多く販売することに期待するのではなく、顧客接点の可能性を高く評価するリクルートに在籍していなければ、営業の価値を矮小化して捉えていたでしょう。

③ 山口さん／西山さん

山口さんはリクルートにて、新規事業としてスタディサプリをゼロから立ち上げた方です。私が社内の異動制度を使用し、スタディサプリの事業開発職に応募した際に選考いただいた方でもあります。

山口さんとは経験差も役職上の差もとても大きかったのですが、異動直後の私は山口さんを超えるための成長を志向しており、何かで山口さんを明示的に超えたいと考えていました。

その時目をつけたのが、山口さんの出社時間がリクルートイチ朝早い（当時の私の調査結果）ということでした。さりげなく山口さんより早い時間に出社し、2番目に出社した山口さんを迎えるのが異動直後の私の日課であり、小さな喜びでもありました。

山口さんから営業に関する直接のアドバイスを受けたことはありませんが、ミッション共感を中心に事業推進する姿からは大きな影響を受けました。

新卒入社直後に、ある程度成長済みの既存領域に配属された場合に、事業のミッションを強く意識するのは難しいことだと感じます。目の前の顧客の課題や営業目標には関心を持てますが、ミッションという概念を強く意識することはカーセンサーの営業時代にはありませんでした。

自分自身で起業したうえで振り返ってみると、リクルート内で新規事業を立ち上げ推進していくのは、給料が支払われる・社内の様々なリソースを活用しやすいという点以外は、自分自身で起業するのと大きな差はないように感じます。事業の意義や成長性を伝えて資金調達をする必要がありますし、事業成長にあわせて社内・社外からたくさんの人を採用する必要があります。

山口さんは社内での資金調達においても、採用においても、常に事業のミッションを強調しており、その影響で、私も常にミッションを意識して事業開発を行っていました。

営業レベル3での折衝相手は経営層を想定しています。私自身が起業経験済みの今であれば、同じスキル一覧を作成可能かもしれませんが、社会人4年目の自分自身で経営層の解像度を高く持つことは不可能でした。

営業スキル検定を作成した当時の私が最も身近に感じることのできた「経営者」

は山口さんであり、山口さんのミッションへのこだわりの強さから、営業レベル3においで顧客のミッションを重要視するスキル設定が可能になったと考えています。

西山さんはスタディサプリ時代の私のマネジャーです。

私が目指す理想の事業開発営業の素養の中でも、プロジェクト推進や協働関係者との合意、事業継続上の時間制約を意識したKPIマネジメントなどは西山さんと事業を推進する中で学びました。本書は営業的素養に重心がありますので、このあたりは深く触れられておりません。

異動直後の私は、本書で触れたように顧客接点の重要性にはすでに気づいておりましたし、事業開発職とはいえ営業活動も継続したいと考えていました。

しかし、「事業開発としての新たな素養も獲得したい」と考えていた異動初期の私が、自身の事業開発力の成長基準に置いていたのが、（今考えるとかなり非本質的ではありますが）山口さんや西山さんが使用する起案プレゼンのスライドに何枚自分の作成したスライドが使われるか、というものでした。

異動直後、張り切って40スライド作成して1スライドもそのまま採用されず、私のスライドが爆速で改善されていく様子を見て、「まずは営業力で結果を残そう」と強く再認識したものでした。

西山さんが営業スキル検定に与えた影響として最も大きいのが、「事業開発が進めば、より低い営業レベルで売れるはずだ」「商品の弾力性が高ければ営業レベル2を推奨レベルとするべきだ」といった、向き合う市場と現時点での商品価値から必要な営業レベルを決定するというコンセプトです。

西山さんとのミーティングでは、我々が捉える市場の課題は何であって、そこに必要な解決策がどのようなものであるかをいつも問われていました。そのうえで、必ずリアリティを持った営業リソース調達の話があり、私個人の営業力は評価いただいたうえで「竹内さんだけ売れても仕方がない」と常に指摘をもらっていました。

当時、営業スキル検定を作成した背景として、直接的には大幅な営業人員増があったわけですが、商品の現在の力量と照らして自分以外の営業の状態に関心を持つきっかけは、間違いなく西山さんからもらったものでした。

④中村さん／内野さん／竹村さん／亀井さん

この4名は、本書を書き上げるにあたり直接的に貢献してくれた、モノグサ社員です。

誤字脱字のチェックはもちろん、私の意図が伝わる内容になっているかなど、確認作業にたくさんの時間を使ってくれました。本当にありがとうございます。

加えて、様々な角度から本書成立過程にそれぞれの貢献をしてくれていますのでここに記載させていただきます。

中村さんはモノグサの広報責任者です。社会とモノグサの関係を良好にするために、メディア露出を含めた様々な活動を行っています。私は代表取締役CEOの役目として社外への露出を担当することが多く、メディア取材対応・ラジオ収録・講演会の実施などにおいて、いつも中村さんと一緒です。

中村さんはいつも私を褒めてくれます。当然、私なりに工夫してその場その場に臨みますので、上手くいっているのかもしれませんが、この手の露出が苦手な私をいつも鼓舞してくれます。

人生で最も喉を傷めた当日にラジオ収録があった時も、「よく聞き取れます！ いけますね！」と心強い言葉をもらいました。ちなみに、放送後のX（旧Twitter）では私の喉を心配するリスナーの声がありました。

中村さんが「竹内さんの営業ノウハウは本にするに値する」と褒めてくれなければ、「本の作成、順調に進んでますね」と何度も声をかけてくれなければ、面倒くさがりな私が本書を書き上げることはできなかったでしょう。


内野さんはモノグサの営業として、主に従業員教育市場の開拓に従事してくれています。私の知る営業の中で、最も営業スキル検定を理解し、体現してくれている存在です。

利用スキルを営業レベル0、営業レベル1、営業レベル2までに限定すれば、私の中では内野さんが日本一の営業です。

「内野さんが日本一だと？ 聞き捨てならぬ。我こそは！」という営業の方がいらっしゃれば、弊社の営業職採用の選考過程では営業スキル検定をもとにした技術面接を実施しておりますので、ぜひ弊社の営業職の選考を受けに来てください。内野さんを超える力量と感じた場合は、全力でアトラクトしたいと考えております。

内野さんの営業スキル検定への貢献で一番大きなものは、営業スキル検定の派生トレーニング作成方法を言語化してくれたことです。

特に営業レベル2の作成方法は内野さんが明確に定義し、今では従業員教育市場においてプロフェッショナルサービスとして「営業スキル検定を組織内に定着させる過程」を外販するに至っております。


竹村さんはモノグサの営業責任者です。言語化マニアで営業スキルへの思想がこれだけ強い私と営業組織を運営してくれており、強く感謝しております。

竹村さんは、営業職には珍しいと思いますが、大学時代の研究テーマが数学であり、もしかしたら私以上に言語化へのこだわりが強いかもしれません。

竹村さんの営業スキル検定への貢献は多数存在しますが、モノグサの営業組織内で、営業スキル検定を文化と呼べるレベルまで習慣化してくれた点を紹介したいと思います。

私の失敗経験として、リクルート時代に営業スキル検定を立ち上げた際は、私が運用の役割を退いたあと、すぐにその活用が停止してしまいました。本編をお読みいただいた方はおわかりになるかと思いますが、営業スキル検定を常態的に運用することはとても大きな負荷となります。負荷を上回る価値を感じて、意識して継続しなければ、いつでも簡単に消えてしまうものです。

竹村さんは、営業職の昇進に関わる等級要件内に営業レベルの必要水準を記載すること、評価者育成の体制を整え、個人に負担がかかり過ぎない環境を構築することなどによって、営業スキル検定を弊社の営業組織にとって「やって当たり前」の存在にしてくれました。

亀井さんはモノグサのBusiness Planning職であり、信じられないほど多領域にわたる仕事を行ってくれていますが、いわゆる営業企画・営業推進的な業務にも従事してくれています。

弊社は新規顧客は営業が担当し、既存顧客はカスタマーサクセスが担当するという役割分担をしています。当然、大規模な顧客に向けては常に営業・カスタマーサクセスが協働していますが、大まかな役割分担は新規・既存で分けています。

亀井さんが営業スキル検定に最も貢献したのは、カスタマーサクセス検定を作成する中で営業レベル3の解像度を高めたという点です。

まず特筆すべきは、亀井さんがカスタマーサクセス検定を作成したという事実です。すでに商品利用が確定しており、顧客内の誰かとは一定の信頼関係がある既存顧客との間でも、さらに深い関係を構築するうえで必要な共感獲得スキルが多数存在します。

私の作成した営業スキル検定を参考にしつつ、オリジナル要素を多数含んだカスタマーサクセス検定を作成してくれており、特にカスタマーサクセスレベル3は「長期的な時間軸における既存顧客との関係性強化」を想定しているため、営業レベル3との共通項も多く存在します。

亀井さんがカスタマーサクセス検定を成立させる過程で、営業レベル3の言語化をより一層深めることができました。

⑤畔柳さん

畔柳さんは、本書内でもすでに登場している通り、結果的に私の営業観に最も影響を与えた存在です。

畔柳さんが営業スキル検定成立に貢献した点は無数に存在するのですが、私が最も感謝している点をご紹介します。私が最も感謝しているのは、私と共同創業してくれたという事実と、共同創業してくれたその理由です。

畔柳さんとは高校1年生時のクラスメイトでしたが、その後文理選択（私が文系で畔柳さんが理系）で別クラスとなりました。

畔柳さんを強く意識したのは、畔柳さんが大学の1年生時に所属していた起業サークルが主催するイベントに、私も参加した時のことです。

我々は高校時代にお互いのプログラミング能力を意識することが少なかった世代なのですが、大学時代になると、起業やベンチャー企業におけるプログラミング能力の重要性を明確に感じ始めていました。

畔柳さんがもともと勉強ができることは知っていたものの、起業サークルの中で、プログラミング能力においても見るからに周囲から尊敬を集める姿を見て、将来起業をしたいと考えていた私は、勝手に畔柳さんを意識し始めるようになりました。イベントのあと畔柳さんが我が家に遊びに来た時など、「将来一緒に何かできたらいいよね」などと遠まわしなアピールをしていたものの、大学も異なり接点も多くなかったため、その時点で何かに発展することはありませんでした。

畔柳さんがGoogleでインターンをした際の成果をSNSでシェアした時などは、先に起業した先輩がその成果を激賞するコメントを見て「この人は畔柳さんを狙っているな」などと、勝手にライバル視していました。

その後、Monoxerの原案を思いつき畔柳さんに相談し、4年以上に渡り週1回時間をもらえるようになり、最終的に「Googleを辞めてMonoxerを開発しようと思う」という言葉をもらうことになるわけですが、「将来一緒に何かできたらいいよね」と遠まわしに伝えてから10年の月日が経過しておりました。

私が死ぬ瞬間に自分の営業人生を振り返り、「自分が人類のために成した最も価値ある共感獲得は何か」を考えるとしたら……。

現時点での最有力候補は間違いなく「畔柳さんと記憶の会社を共同創業できたこと」です。

このように、畔柳さんへの猛烈な片想いを成就させた私ですが、意外にシャイな面もあり、「どうして私と共同創業しようと思ったの？」などということは聞けずにおりました。

明確に共同創業したそうな態度を取っておいて、いざしてくれるとなって理由を尋ねるのは野暮の極みという感覚がありました。

しかし、実は理由を知りたくてたまらない私に大きなチャンスが訪れます。

それは、畔柳さんのGoogle時代の同期のエンジニアの方と3人で食事をしていた時のことです。

この時、食事をご一緒したエンジニアの方は現在モノグサで働いてくれています。

私と畔柳さんはその方をモノグサに勧誘したく食事をしていたわけですが、話の流れでその方が「どうして竹内さんと創業しようと思ったんですか？」と聞いてくれたのです。私は平静を装いつつ、この千載一遇のチャンスを逃すまいと心のメモ帳を準備しました。

畔柳さんは3つの理由を説明してくれましたが、最初に挙げたのが「竹内は営業力が高い」というものでした。

サークル仲間に「竹内は世界一、共感獲得能力が高いのでは」と評価する方がいたこと、大学時代、理系同士での起業パターンを見る中で共感獲得能力の必要性を感じたことなどを話してくれました。

営業能力を言語化し、育成・評価可能にしようという営業スキル検定の営みを粘り強く継続できたのは、「営業力は、畔柳さんが重要視するほど価値がある素養なのだ」という確信を持てたからであり、営業スキル検定成立過程において畔柳さんに私が最も感謝している点です。

⑥ 金山さん

金山さんは、本書の担当編集者です。「営業スキル検定」を本にして出版したいと社内で起案し、通してくれたという意味では本書の生みの親とも言えるでしょう。

初めて本を書く私に対して、いつも穏やかに接していただき、心理的安全性高く作業を継続できた点と、その一方で終盤まで「ここがわかりにくいので修正してほしい」「ここをもっと説明してほしい」と忌憚のないご意見をいただき、本書の質的向上に大きく貢献していただきました。

そんな金山さんから最も刺激を受けたのは、出すと決まればできるだけ早く出版したいと大急ぎの私に対する「私たちは今、竹内さんが死んでも読まれる本を作っているんです」という言葉でした。

視座の高さと、編集者としての心意気のようなものを感じた私は、その時から「金山さんがこだわる点には私もできる限りこだわろう」と心に決めて執筆活動に向き合いました。

営業パーソン竹内としては、協働している窓口担当者が偉くなってこそですので、死後と言わずに早々にこの本が売れて、金山さんの出世作になることを祈っております。

⑦私と関わっていただいたすべてのお客様

最後は、私の営業活動に関わっていただいたすべてのお客様に感謝をお伝えしたいと思います。ここでのお客様には、結局、私から共感獲得されることなく未契約に終わった「お客様」も含まれています。

私の価値観として、万人に共通する真のコストは「時間」であると考えています。個人にとっての時間は有限であり、その消費速度は誰にとっても平等であり、少なくとも現在の科学技術では一度経過した時間を取り戻すことは誰にとっても不可能であるからです。

「お金」は投資という概念がある通り、一度手元を離れても大きくなって還ってくるものですので、私にとっては真のコストではありません。

私と相対して、手を止めて、少しの時間だけでも耳を傾けていただいたお客様のおかげで今の私があり、営業スキル検定が存在します。

加えて、私から商品を実際に購入いただいたみなさまには追加の御礼を述べさせていただきます。


事業開発営業を志向する私は「特定の商品を世界で初めて誰かに売る」ということがよくあります。本書内の定義で言えば、まだプロダクトマーケットフィットしていない商品を、営業レベル3を駆使して共感獲得をしたうえで販売しています。

私は事業開発営業ですので、時間は要しますが、お客様の課題に我々の商品を徐々にフィットさせ、いただいた期待をいつか必ず超える気概で臨んではいますが、客観的に見て「特定の商品を世界で初めて買う」ことは、論理的には「間違った」行動なのだと感じます。

すでに販売実績があり、効果が確認できている商品を買うほうが、論理的には常に「正しい」行動なのだと思います。

ましてや、多くのベンチャー企業は10年生存することも稀なようですので、「ベンチャー企業の創業者から特定の商品を世界で初めて買う」ことは確率論からすれば常に誤りでしょう。

その一方で、現在、世の中に存在するどんなに素晴らしい企業の商品であっても、「世界で初めて誰かに買ってもらう」瞬間があったはずであり、そこにいた営業の影響で「間違った」意思決定をしたお客様がいたからこそ今があるのだと思います。

この本を手に取り、「おわりに」まで熟読いただける私のお客様が何名いらっしゃるかはまったく不透明ですが、常日頃お伝えしている言葉を再度述べさせていただきます。

「今回、取っていただいたリスクを必ず見える形でお返しします。モノグサに期待をいただき本当にありがとうございます」

1時間と約束したのに、終了予定時刻5分前になっても次回に向けたクロージングに入らない商談のような「おわりに」をお許しください。

本書の「おわりに」は、途中で読み疲れた方向けの休憩の場にもなっておりますのでご容赦いただければ幸いです。

本当に終わりに向かいますのと、本編を読まなくてはまったく意味が読み取れない内容になっておりますので、休憩にいらっしゃった方は、ぜひ興味が湧いた本編にお戻りください。

最後に、「100年後にも営業に存在価値はあるか」私の意見をお伝えして本書の結びとします。

結論からお伝えします。

100年後においても、自分以外の人間から共感獲得する営業には、職種として成立するだけの存在価値がある、と私は考えています。

ただし、職種と呼べる規模で存在し、現在の我々がイメージする営業の姿に限りなく近い形で残るのは、法人向けに営業レベル2を中心に用いて、まだプロダクトマーケットフィットしきっていない商品を提案する営業、つまりBtoBの事業開発営業だけであると私は考えています。

そもそも、歴史に学べば、これだけの人数のアウトバウンド型の営業が存在することに必然性はありません。「猛烈な営業」の営業スタイルが登場したのは高度経済成長期以降でしょう（「営業史」は私の専門分野ではないので、興味がある方に詳細に研究してほしいテーマです）。

需要に対して供給（生産能力）が追いつかない時代には、アウトバウンド型の営業は割に合わず存在価値が高まりません。すでに顕在的なニーズすらも満たしきれていない状態ですから、わざわざこちらから売りに行く必要もないでしょう。

需要以上の供給が可能になって初めて、潜在的なニーズを掘り起こすアウトバウンド型の営業の存在価値が出てきます。

需要が急拡大し、営業レベル1を実施し、情報の非対称性を埋め続けるだけで営業成果が出せたのは、バブル期などにおける特定時期のイレギュラーな現象だと考えています。

第1章「『混迷する営業論』を整理する」で述べた4つの営業タイプの未来を予想します。

まず、御用聞き営業は現在におけるエンジニアレベルの技術力を有し、各現場において開発要素も含んだ問題解決に従事しているでしょう。それを将来においては「営業」と呼んでいるかもしれませんが、「共感獲得を生業としている」とは言えない別種の存在になっているはずです。

コンサルティング営業は、営業レベル3のみを用いて価値の変動しない固定物を販売する存在としては消滅し、事業開発営業に吸収されます。

コンサルティング営業によるコンサルティング要素は、ニーズとしてはコンサルティング職それ自体に一旦吸収されたうえで、将来的にはＡＩに非常に代替されやすい存在だと考えます。

マーケティングタイプの営業スタイルはどうでしょうか。

私の予想としてはマーケティングの精度がより一層向上する中で、ニーズの顕在化した顧客を現在以上にターゲティング可能になった世界線においては、情報の非対称性を埋めるだけならば将来的にはＡＩのほうが、受注率が高くなっているのではないかと考えています。

24時間365日対応可能ですし、知識量や話の流暢さでは将来的に人間は機械に勝てなくなっているでしょう。

BtoC向けの販売活動は人間を経由しないものがほとんどになり、人間的な素養への期待もその多くがAIに代替されるでしょう。

人間同士のやり取りとして残るのは、「百貨店の1階」で行われるような「購買体験それ自体に価値を感じる高価格帯の商品販売」であり、最低限度以上の営業レベル1を有したうえで、営業レベル0を究極まで突き詰めた存在が期待されることになると考えます。

他の職種と同様に、営業の役割もその多くが機械に代替されていくでしょう。

ただし、100年後においても、人間は購買における意思決定を自分自身で行いたいと考えるのではないでしょうか。

「特定の商品を世界で初めて買う」という、論理的には「間違った」行動を取れることこそが人間の権利なのではないでしょうか。

人間がその権利を放棄しない限りにおいては、我々事業開発営業には常に存在価値があり、営業活動を通した共感獲得によって、人類の発展に貢献できるのだと信じています。

＊　＊　＊

これで「営業スキル検定」の営業を終了いたします。

貴重なお時間をいただきありがとうございました。

【著者紹介】
竹内　孝太朗（たけうち・こうたろう）
◉──モノグサ株式会社 代表取締役CEO
◉──名古屋大学経済学部卒業。2010年に株式会社リクルートに入社し、「カーセンサー」領域にて広告営業を担当。2011年に中古車領域として初めて、かつ最年少で全社営業部門の表彰である「TOPGUN AWARD」を受賞。2013年からは「スタディサプリ」にて高校向けサービスの立ち上げに関わり、営業として２度目の「TOPGUN AWARD」を受賞。
◉──2016年に畔柳圭佑（モノグサ株式会社 代表取締役CTO）と共にモノグサ株式会社を共同創業。モノグサ株式会社では、営業パーソンのスキルを体系化し、営業に必要な42のスキルを言語化。それに基づく独自の育成スキーム「営業スキル検定」を考案し、メンバーの育成に活用している。

営業《えいぎょう》スキル検定《けんてい》

2024年10月21日　　第１刷発行

著　者──竹内　孝太朗
発行者──齊藤　龍男
発行所──株式会社かんき出版
東京都千代田区麴町4-1-4 西脇ビル　〒102-0083
電話　営業部：03(3262)8011㈹　編集部：03(3262)8012㈹
FAX　03(3234)4421　　振替　00100-2-62304
https://kanki-pub.co.jp/

印刷所──ベクトル印刷株式会社

　ISBN978-4-7612-7765-9 C0034